MQ

맥체인큐티(12-03)

하나님의 말씀과 기도로
거룩하여 짐이라
(딤전 4:5)

MQ

맥체인큐티(12-03)

발 행 인 김수곤
편집위원 김홍양 임건혁 정현기 김종인 박성대
디 자 인 디자인이츠
발행한곳 선교횃불
등록주소 송파구 백제고분로 27길 12(삼전동)
전　　화 (02) 2203-2739
팩　　스 (02) 2203-2738
이 메 일 ccm2you@gmail.com
홈페이지 www.ccm2u.com
발 행 일 2021년 3월 1일

맥체인성경읽기표 3월

일차	날짜	가정		개인	
60	3/1	출12:22~51	눅15	욥30	고전16
61	2	출13	눅16	욥31	고후 1
62	3	출14	눅17	욥32	고후 2
63	4	출15	눅18	욥33	고후 3
64	5	출16	눅19	욥34	고후 4
65	6	출17	눅20	욥35	고후 5
66	7	출18	눅21	욥36	고후 6
67	8	출19	눅22	욥37	고후 7
68	9	출20	눅23	욥38	고후 8
69	10	출21	눅24	욥39	고후 9
70	11	출22	요 1	욥40	고후10
71	12	출23	요 2	욥41	고후11
72	13	출24	요 3	욥42	고후12
73	14	출25	요 4	잠 1	고후13
74	15	출26	요 5	잠 2	갈 1
75	16	출27	요 6	잠 3	갈 2
76	17	출28	요 7	잠 4	갈 3
77	18	출29	요 8	잠 5	갈 4
78	19	출30	요 9	잠 6	갈 5
79	20	출31	요10	잠 7	갈 6
80	21	출32	요11	잠 8	엡 1
81	22	출33	요12	잠 9	엡 2
82	23	출34	요13	잠10	엡 3
83	24	출35	요14	잠11	엡 4
84	25	출36	요15	잠12	엡 5
85	26	출37	요16	잠13	엡 6
86	27	출38	요17	잠14	빌 1
87	28	출39	요18	잠15	빌 2
88	29	출40	요19	잠16	빌 3
89	30	레 1	요20	잠17	빌 4
90	31	레2·3	요21	잠18	골 1

차례

맥체인 QT 가이드

01 사도신경 오늘의 찬양

신앙고백으로 마음을 정돈하고, 오늘의 찬양으로 마음의 준비를 하세요.

02 핵심주제

그날의 핵심주제를 기억하며 본문으로 들어갑니다.

03 본문읽기

네 본문의 소제목을 기억하면서 본문을 정독으로 읽으세요.
- 반복되는 단어, 유사한 단어, 반대되는 단어를 기억하면서...
- 나에게 주시는 동일한 핵심단어를 4책에서 찾아 기록해 보세요.

04 더 깊은 묵상

본문의 내용을 떠올리며 단어나 문장을 연결하며 다시 한번 정독으로 읽으세요.

05 말씀암송

주어진 시간안에서 말씀을 기억하세요. (괄호 채우기를 권해드립니다.) 1년 365요절을 암송합니다.

06 말씀묵상

하나님이 나에게 주시는 말씀을 다시 한번 묵상해 보세요.

07 말씀적용

묵상을 통해 주신 말씀에 순종하며, 오늘 내가 할수 있는 일을 구체적으로 기록해 보세요.

08 감사기도

감사가 사라지고 있는 이 시대.. 하루에 3가지(믿음, 소망, 사랑)의 감사하는 마음을 담아 기록하여 보세요. 감사는 또 다른 감사를 만들어 줍니다.

09 말씀기도

오늘 내게 주신 말씀에 순종 할 수 있도록 하나님께 기도를 드립니다.

▶나눔 (하브루타 토론식)◀

교회 소그룹에 활용시 (09)말씀기도 전에
『하브루타 토론식』으로 서로의 의견을 말하고 생각을 공유해 보세요.
맥체인QT집으로 묵상을 하시면
같은 말씀이라도 하나님의 주신 말씀이 다양한 방향과 방법으로
대화의 나눔의 장을 만들어 드릴것입니다.

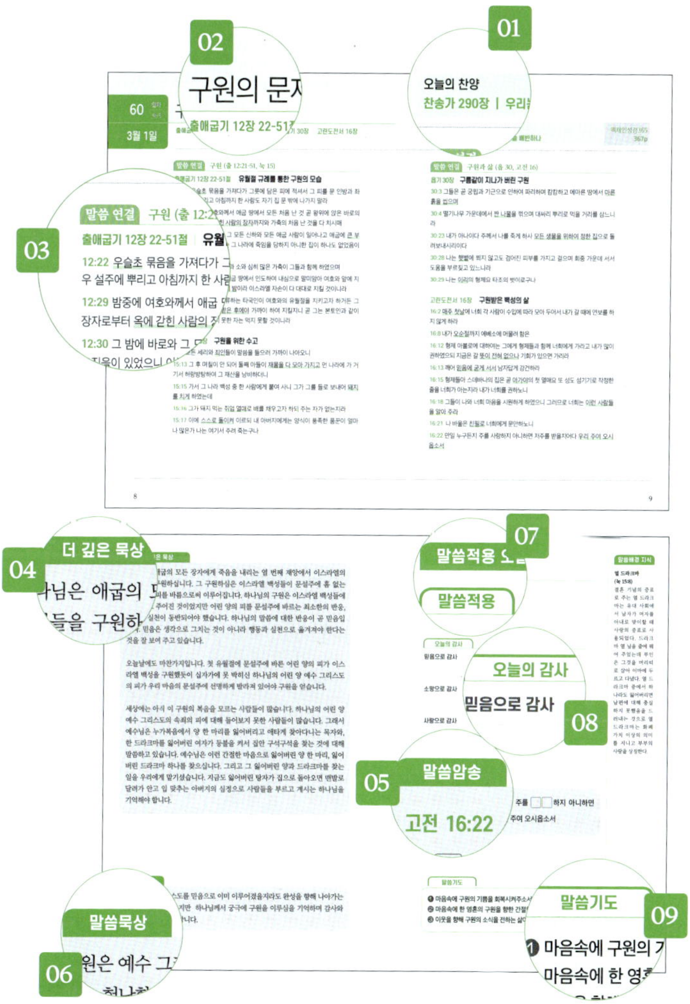

맥체인 성경읽기는

말씀에서 길을 찾고 기도로 힘을 얻는다

● 나의 맥체인 성경읽기를 공개합니다.

① 먼저 기도하고 찬양으로 마음을 준비합니다.

② 성경읽기표에 따른 네 본문에 제시된 주제를 통해 중심 단어를 생각합니다.

③ 네 성경 본문을 순서대로 천천히 읽습니다. (주요 요절이나 단어에 밑줄이나 표기를 합니다.)

④ 우선 두 성경 본문에서 주제와 일치하는 내용이나 반복되는 단어나 유사한 문맥을 찾아 서로 연결해 봅니다.

⑤ 본문에서 반대되는 내용이나 같은 뜻을 가진 단어나 문장 문맥을 찾아봅니다.

⑥ 이렇게 연결되는 본문을 나머지 다른 두 권으로 확대하여, 네 권 전체에 흐르는 하나님의 뜻을 발견하고, 그 내용을 적어봅니다. (나에게 주시는 말씀)

⑦ 네 성경 본문을 한 주제로 연결하도록(Word Link) 깊은 묵상을 합니다.

⑧ 나아가 본문에서 지도자나 인도자로부터 배운 신학 주제나 교리들이 함축하고 있는 문맥이나 내용의 짝을 찾아봅니다.

⑨ 삶에 적용할 항목들을 적어보고 실천함으로써 놀라운 변화를 경험해 봅니다. 매일 묵상할 때마다 다른 감동을 경험할 수 있습니다.

⑩ 마지막으로 하나님이 오늘 나에게 주신 말씀을 통하여 가르침, 명령과 약속과 권면, 경고 및 행해야 할 일들을 적어보고, 하나님과 대화하는 마음으로 묵상하고, 말씀기도로 성경읽기를 마무리합니다.

※ 독자들의(맥체인큐티, MQ) 다양한 원고를 기다립니다. 공동체의 성경읽기가 습관화 되어지도록 말씀묵상, 말씀적용, 감사기도의 은혜를 독자들과 나눌 수 있도록 사연을 기다립니다. 지면을 통하여 함께 은혜 나누기를 소망합니다. 채택되신 분들에게는 감사의 마음을 담아 선교횃불 도서를 선물로 보내드립니다. (이메일 : ccm2you@gmail.com)

맥체인 성경읽기

[주의할 점]

첫째, 형식으로 읽지 말아야 합니다.

둘째, 분량 채우는 것으로 만족하지 말아야 합니다.

셋째, 아무렇게나 건성으로 읽지 말아야 합니다.

넷째, 의무감으로 억지로 읽지 말아야 합니다.

[장점]

첫째, 성경 전체를 1년 동안 정독할 수 있습니다.

둘째, 성경의 네 가지 본문을 동시에 보는 안목을 기르게 됩니다.

셋째, 성경의 주인이 하나님이심을 알게 됩니다.

넷째, 어느 부분을 읽을지 고민하지 않습니다.

다섯째, 교회의 전 성도가 어디를 읽는지 알 수 있습니다.

여섯째, SNS로 같은 본문의 은혜 나눔이 가능합니다.

일곱째, 새벽기도때 설교를 듣고 매일 읽어 나갈 수 있습니다.

60 일차/365

3월 1일

구원의 문제

출애굽기 12장 22-51절 | 누가복음 15장 | 욥기 30장 | 고린도전서 16장

말씀 연결 구원 (출 12:21-51, 눅 15)

출애굽기 12장 22-51절 | 유월절 규례를 통한 구원의 모습

12:22 우슬초 묶음을 가져다가 그릇에 담은 피에 적셔서 그 피를 문 인방과 좌우 설주에 뿌리고 아침까지 한 사람도 자기 집 문 밖에 나가지 말라

12:29 밤중에 여호와께서 애굽 땅에서 모든 처음 난 것 곧 왕위에 앉은 바로의 장자로부터 옥에 갇힌 사람의 장자까지와 가축의 처음 난 것을 다 치시매

12:30 그 밤에 바로와 그 모든 신하와 모든 애굽 사람이 일어나고 애굽에 큰 부르짖음이 있었으니 이는 그 나라에 죽임을 당하지 아니한 집이 하나도 없었음이었더라

12:38 수많은 잡족과 양과 소와 심히 많은 가축이 그들과 함께 하였으며

12:42 이 밤은 그들을 애굽 땅에서 인도하여 내심으로 말미암아 여호와 앞에 지킬 것이니 이는 여호와의 밤이라 이스라엘 자손이 다 대대로 지킬 것이니라

12:48 너희와 함께 거류하는 타국인이 여호와의 유월절을 지키고자 하거든 그 모든 남자는 할례를 받은 후에야 가까이 하여 지킬지니 곧 그는 본토인과 같이 될 것이나 할례 받지 못한 자는 먹지 못할 것이니라

누가복음 15장 | 구원을 위한 수고

15:1 모든 세리와 죄인들이 말씀을 들으러 가까이 나아오니

15:13 그 후 며칠이 안 되어 둘째 아들이 재물을 다 모아 가지고 먼 나라에 가 거기서 허랑방탕하여 그 재산을 낭비하더니

15:15 가서 그 나라 백성 중 한 사람에게 붙여 사니 그가 그를 들로 보내어 돼지를 치게 하였는데

15:16 그가 돼지 먹는 쥐엄 열매로 배를 채우고자 하되 주는 자가 없는지라

15:17 이에 스스로 돌이켜 이르되 내 아버지에게는 양식이 풍족한 품꾼이 얼마나 많은가 나는 여기서 주려 죽는구나

오늘의 찬양

찬송가 290장 | 우리는 주님을 늘 배반하나

맥체인성경365
367p

말씀 연결 구원과 삶 (욥 30, 고전 16)

욥기 30장 | 구름같이 지나가 버린 구원

30:3 그들은 곧 궁핍과 기근으로 인하여 파리하며 캄캄하고 메마른 땅에서 마른
흙을 씹으며

30:4 떨기나무 가운데에서 짠 나물을 꺾으며 대싸리 뿌리로 먹을 거리를 삼느니
라

30:23 내가 아나이다 주께서 나를 죽게 하사 모든 생물을 위하여 정한 집으로 돌
려보내시리이다

30:28 나는 햇볕에 쬐지 않고도 검어진 피부를 가지고 걸으며 회중 가운데 서서
도움을 부르짖고 있느니라

30:29 나는 이리의 형제요 타조의 벗이로구나

고린도전서 16장 | 구원받은 백성의 삶

16:2 매주 첫날에 너희 각 사람이 수입에 따라 모아 두어서 내가 갈 때에 연보를 하
지 않게 하라

16:8 내가 오순절까지 에베소에 머물려 함은

16:12 형제 아볼로에 대하여는 그에게 형제들과 함께 너희에게 가라고 내가 많이
권하였으되 지금은 갈 뜻이 전혀 없으나 기회가 있으면 가리라

16:13 깨어 믿음에 굳게 서서 남자답게 강건하라

16:15 형제들아 스데바나의 집은 곧 아가야의 첫 열매요 또 성도 섬기기로 작정한
줄을 너희가 아는지라 내가 너희를 권하노니

16:18 그들이 나와 너희 마음을 시원하게 하였으니 그러므로 너희는 이런 사람들
을 알아 주라

16:21 나 바울은 친필로 너희에게 문안하노니

16:22 만일 누구든지 주를 사랑하지 아니하면 저주를 받을지어다 우리 주여 오시
옵소서

더 깊은 묵상

하나님은 애굽의 모든 장자에게 죽음을 내리는 열 번째 재앙에서 이스라엘의 장자들을 구원하십니다. 그 구원하심은 이스라엘 백성들이 문설주에 흠 없는 어린 양의 피를 바름으로써 이루어집니다. 하나님의 구원은 이스라엘 백성들에게 은혜로 주어진 것이었지만 어린 양의 피를 문설주에 바르는 최소한의 반응, 믿음의 실천이 동반되어야 했습니다. 하나님의 말씀에 대한 반응이 곧 믿음입니다. 믿음은 생각으로 그치는 것이 아니라 행동과 실천으로 옮겨져야 한다는 것을 잘 보여 주고 있습니다.

오늘날에도 마찬가지입니다. 첫 유월절에 문설주에 바른 어린 양의 피가 이스라엘 백성을 구원했듯이 십자가에 못 박히신 하나님의 어린 양 예수 그리스도의 피가 우리 마음의 문설주에 선명하게 발라져 있어야 구원을 얻습니다.

세상에는 아직 이 구원의 복음을 모르는 사람들이 많습니다. 하나님의 어린 양 예수 그리스도의 속죄의 피에 대해 들어보지 못한 사람들이 많습니다. 그래서 예수님은 누가복음에서 양 한 마리를 잃어버리고 애타게 찾아다니는 목자와, 한 드라크마를 잃어버린 여자가 등불을 켜서 집안 구석구석을 찾는 것에 대해 말씀하고 있습니다. 예수님은 이런 간절한 마음으로 잃어버린 양 한 마리, 잃어버린 드라크마 하나를 찾으십니다. 그리고 그 잃어버린 양과 드라크마를 찾는 일을 우리에게 맡기셨습니다. 지금도 잃어버린 탕자가 집으로 돌아오면 맨발로 달려가 안고 입 맞추는 아버지의 심정으로 사람들을 부르고 계시는 하나님을 기억해야 합니다.

말씀묵상

구원은 예수 그리스도를 믿음으로 이미 이루어졌을지라도 완성을 향해 나아가는 길은 험난합니다. 하지만 하나님께서 궁극에 구원을 이루심을 기억하며 감사와 기쁨의 삶을 살아야 합니다.

말씀적용 오늘의 감사

말씀적용

오늘의 감사

믿음으로 감사

소망으로 감사

사랑으로 감사

말씀암송

고전 16:22 만일 누구든지 주를 ☐☐하지 아니하면 ☐☐를 받을지어다 우리 주여 오시옵소서

말씀기도

❶ 마음속에 구원의 기쁨을 회복시켜주소서.
❷ 마음속에 한 영혼의 구원을 향한 간절함을 회복시켜주소서.
❸ 이웃을 향해 구원의 소식을 전하는 삶이 되게 하소서.

말씀배경 지식

열 드라크마
(눅 15:8)
결혼 기념의 증표로 주는 열 드라크마는 유대 사회에서 남자가 여자를 아내로 맞이할 때 사랑의 증표로 사용되었다. 드라크마 열 닢을 줄에 꿰어 주었는데 부인은 그것을 머리띠로 삼아 이마에 두르고 다녔다. 열 드라크마 중에서 하나라도 잃어버리면 남편에 대해 충실하지 못했음을 드러내는 것으로 열 드라크마는 화폐 가치 이상의 의미를 지니고 부부의 사랑을 상징한다.

61 일차 365

3월 2일

찾아오시는 하나님

출애굽기 13장 | 누가복음 16장 | 욥기 31장 | 고린도후서 1장

말씀 연결 만남과 태도 (출 13, 눅 16)

출애굽기 13장 | 유월절 규례를 통한 만남

13:2 이스라엘 자손 중에서 사람이나 짐승을 막론하고 태에서 처음 난 모든 것은 다 거룩히 구별하여 내게 돌리라 이는 내 것이니라 하시니라

13:4 아빕월 이 날에 너희가 나왔으니

13:9 이것으로 네 손의 기호와 네 미간의 표를 삼고 여호와의 율법이 네 입에 있게 하라 이는 여호와께서 강하신 손으로 너를 애굽에서 인도하여 내셨음이니

13:12 너는 태에서 처음 난 모든 것과 네게 있는 가축의 태에서 처음 난 것을 다 구별하여 여호와께 돌리라 수컷은 여호와의 것이니라

13:18 그러므로 하나님이 홍해의 광야 길로 돌려 백성을 인도하시매 이스라엘 자손이 애굽 땅에서 대열을 지어 나올 때에

13:19 모세가 요셉의 유골을 가졌으니 이는 요셉이 이스라엘 자손으로 단단히 맹세하게 하여 이르기를 하나님이 반드시 너희를 찾아오시리니 너희는 내 유골을 여기서 가지고 나가라 하였음이더라

누가복음 16장 | 하나님을 대하는 태도

16:2 주인이 그를 불러 이르되 내가 네게 대하여 들은 이 말이 어찌 됨이냐 네가 보던 일을 셈하라 청지기 직무를 계속하지 못하리라 하니

16:6 말하되 기름 백 말이니이다 이르되 여기 네 증서를 가지고 빨리 앉아 오십이라 쓰라 하고

16:9 내가 너희에게 말하노니 불의의 재물로 친구를 사귀라 그리하면 그 재물이 없어질 때에 그들이 너희를 영주할 처소로 영접하리라

16:17 그러나 율법의 한 획이 떨어짐보다 천지가 없어짐이 쉬우리라

16:19 한 부자가 있어 자색 옷과 고운 베옷을 입고 날마다 호화롭게 즐기더라

오늘의 찬양
찬송가 379장 | 내 갈 길 멀고 밤은 깊은데

맥체인성경365
372p

말씀 연결 바라봄과 의지함 (욥 31, 고후 1)

욥기 31장 | 오직 하나님을 바라봄

31:1 내가 내 눈과 약속하였나니 어찌 처녀에게 주목하랴

31:6 하나님께서 나를 공평한 저울에 달아보시고 그가 나의 온전함을 아시기를 바라노라

31:10 내 아내가 타인의 맷돌을 돌리며 타인과 더불어 동침하기를 바라노라

31:19 만일 내가 사람이 의복이 없이 죽어가는 것이나 가난한 자가 덮을 것이 없는 것을 못본 체 했다면

31:27 내 마음이 슬며시 유혹되어 내 손에 입맞추었다면

고린도후서 1장 | 하나님만 의지함

1:8 형제들아 우리가 아시아에서 당한 환난을 너희가 모르기를 원하지 아니하노니 힘에 겹도록 심한 고난을 당하여 살 소망까지 끊어지고

1:10 그가 이같이 큰 사망에서 우리를 건지셨고 또 건지실 것이며 이 후에도 건지시기를 그에게 바라노라

1:12 우리가 세상에서 특별히 너희에 대하여 하나님의 거룩함과 진실함으로 행하되 육체의 지혜로 하지 아니하고 하나님의 은혜로 행함은 우리 양심이 증언하는 바니 이것이 우리의 자랑이라

1:16 너희를 지나 마게도냐로 갔다가 다시 마게도냐에서 너희에게 가서 너희의 도움으로 유대로 가기를 계획하였으니

1:18 하나님은 미쁘시니라 우리가 너희에게 한 말은 예 하고 아니라 함이 없노라

1:21 우리를 너희와 함께 그리스도 안에서 굳건하게 하시고 우리에게 기름을 부으신 이는 하나님이시니

1:22 그가 또한 우리에게 인치시고 보증으로 우리 마음에 성령을 주셨느니라

더 깊은 묵상

하나님은 이스라엘 민족을 출애굽 시키시면서 그들에게 무교절과 유월절을 지키라고 명령하십니다. 그리고 하나님께서 이스라엘의 모든 장자와 처음 난 것들을 유월절을 통해 죽음에서 구원하셨으므로 사람이나 짐승이나 처음 난 것은 모두 하나님의 것이라고 선포하십니다. 이스라엘 민족을 애굽의 압제에서 구원하시고, 장자와 처음 난 것들을 죽음에서 살리심으로 여호와 하나님이 이스라엘 민족 공동체의 하나님이 되심을 선포하시는 것입니다. 요셉에게 출애굽을 약속하셨던 하나님의 약속은 지켜졌고 모세는 요셉의 유언대로 그의 유골을 매고 출애굽 하는 것을 보여줍니다.

예수님은 청지기의 비유를 통해 하나님과 재물을 겸하여 섬길 수 없다고 말씀하십니다. 출애굽 한 이스라엘 백성들이 다시 애굽으로 돌아갈 수 없는 것처럼 우리도 하나님을 섬기기로 작정하면서 재물의 신을 같이 섬길 수 없습니다. 하나님을 섬기면서 재물의 신도 섬기는 것은 자유를 얻은 가나안 땅에서 다시 속박의 애굽으로 돌아가겠다는 것입니다. 재물에 관하여 우리는 하나님의 청지기입니다. 하나님께서 맡기신 재물에 눈이 어두워 하나님보다 우선한다면 그것은 하나님을 섬기는 것이 아니라 재물을 섬기는 것입니다.

욥은 하나님께서 주신 재물을 고아를 기르고 과부를 돌보는 데 썼다고 간증하고 있습니다. 참된 청지기의 모범입니다. 욥이 기뻐하였던 것은 재물의 풍부함이 아니라 하나님께서 함께하심이었습니다. 욥이야말로 하나님과 재물을 겸하여 섬기지 않는 최고의 본보기입니다.

말씀묵상

우리를 찾아오시는 하나님의 위로가 또한 우리로 환난받는 자들을 위로할 수 있게 합니다. 오직 하나님만 의지하며 나아갈 때 하나님의 위로가 하늘로부터 넘치도록 임할 것입니다.

말씀적용 오늘의 감사

말씀적용

오늘의 감사

믿음으로 감사

소망으로 감사

사랑으로 감사

말씀암송

고후 1:22 그가 또한 우리에게 [ ]치시고 보증으로 우리 마음에 [ ][ ]을 주셨느니라

말씀기도

❶ 모든 주권이 주님께 있음을 고백하며 청지기로서의 삶을 살 수 있도록 변화시켜 주소서.
❷ 재물을 나누고 베풂으로 천국의 보물창고에 쌓아두는 삶을 살게 하소서.
❸ 어떤 고난이 닥쳐올지라도 오직 하나님만 바라보며 의지하는 삶을 살게 하소서.

말씀배경 지식

주인이 이 옳지 않은 청지기... 칭찬하였으니 (눅 16:8)
이 구절은 많은 논란을 불러일으켰다. 여기서 주인이 칭찬한 것은 청지기의 불의가 아니라 위기에서 민첩하게 대처했던 그의 지혜였다. 또 한편 이들의 주인을 주님으로 보고 청지기가 빚에 시달리는 이들의 고통을 덜어준 것을 칭찬했다고 보기도 했다.

하나님의 능력과 믿음의 관계

출애굽기 14장 | 누가복음 17장 | 욥기 32장 | 고린도후서 2장

말씀 연결 능력과 믿음 (출 14, 눅 17)

출애굽기 14장 | 하나님이 행하신 큰 능력

14:3 바로가 이스라엘 자손에 대하여 말하기를 그들이 그 땅에서 멀리 떠나 광야에 갇힌 바 되었다 하리라

14:6 바로가 곧 그의 병거를 갖추고 그의 백성을 데리고 갈새

14:21 모세가 바다 위로 손을 내밀매 여호와께서 큰 동풍이 밤새도록 바닷물을 물러가게 하시니 물이 갈라져 바다가 마른 땅이 된지라

14:24 새벽에 여호와께서 불과 구름 기둥 가운데서 애굽 군대를 보시고 애굽 군대를 어지럽게 하시며

누가복음 17장 | 능력을 가져오는 믿음

17:1 예수께서 제자들에게 이르시되 실족하게 하는 것이 없을 수는 없으나 그렇게 하게 하는 자에게는 화로다

17:2 그가 이 작은 자 중의 하나를 실족하게 할진대 차라리 연자맷돌이 그 목에 매여 바다에 던져지는 것이 나으리라

17:8 도리어 그더러 내 먹을 것을 준비하고 띠를 띠고 내가 먹고 마시는 동안에 수종들고 너는 그 후에 먹고 마시라 하지 않겠느냐

17:10 이와 같이 너희도 명령 받은 것을 다 행한 후에 이르기를 우리는 무익한 종이라 우리가 하여야 할 일을 한 것뿐이라 할지니라

17:35 두 여자가 함께 맷돌을 갈고 있으매 하나는 데려감을 얻고 하나는 버려둠을 당할 것이니라

오늘의 찬양
찬송가 521장 | 구원으로 인도하는

맥체인성경365
377p

말씀 연결 영과 믿음 (욥 32, 고후 2)

욥기 32장 | 하나님의 영광과 함께 함

32:2 람 종족 부스 사람 바라겔의 아들 엘리후가 화를 내니 그가 욥에게 화를 냄
은 욥이 하나님보다 자기가 의롭다 함이요

32:3 또 세 친구에게 화를 냄은 그들이 능히 대답하지 못하면서도 욥을 정죄함
이라

32:8 그러나 사람의 속에는 영이 있고 전능자의 숨결이 사람에게 깨달음을 주시
나니

32:13 당신들이 말하기를 우리가 진상을 파악했으나 그를 추궁할 자는 하나님
이시요 사람이 아니라 하지 말지니라

32:18 내 속에는 말이 가득하니 내 영이 나를 압박함이니라

고린도후서 2장 | 능력을 보는 믿음의 실제

2:7 그런즉 너희는 차라리 그를 용서하고 위로할 것이니 그가 너무 많은 근심에 잠
길까 두려워하노라

2:13 내가 내 형제 디도를 만나지 못하므로 내 심령이 편하지 못하여 그들을 작별
하고 마게도냐로 갔노라

2:14 항상 우리를 그리스도 안에서 이기게 하시고 우리로 말미암아 각처에서 그리
스도를 아는 냄새를 나타내시는 하나님께 감사하노라

2:17 우리는 수많은 사람들처럼 하나님의 말씀을 혼잡하게 하지 아니하고 곧 순전
함으로 하나님께 받은 것 같이 하나님 앞에서와 그리스도 안에서 말하노라

더 깊은 묵상

하나님께서 홍해 바다를 갈라 마른 땅이 되게 하시고 바다 물결을 좌우에 벽처럼 가로막아 이스라엘 백성을 건너게 하셨습니다. 그리고 바로의 군사들을 물로 덮어 전멸시키심으로 이스라엘을 구원하셨습니다. 우리는 이 사실을 성경을 통해 읽고 배웠기에 알고 있습니다. 하지만 홍해가 갈라진다는 것은 이스라엘 백성들에게 상상도 할 수 없는 일이었기에 죽음의 공포 앞에서 모세와 하나님을 원망하는 반응을 보이게 됩니다. 그러나 하나님은 상상 이상의 능력으로 바다를 갈라 그들을 구원하시는 은혜의 기적을 행하셨습니다.

예수 그리스도를 통한 구원도 마찬가지입니다. 하나님께서 친히 아들을 보내셔서 속죄양으로 삼아 십자가에 못 박혀 죽으심과 사흘 만에 부활하심으로 우리를 구원하셨습니다. 예수님의 제자들도 우리도 단 한 번도 경험해보지 못한 하나님의 놀라운 역사요 기적과 같은 구원이었습니다.

그리고 홍해 바다를 건너 구원을 경험한 이스라엘 백성들이 변화하였듯이, 예수님의 부활을 경험한 제자들도 변화하였습니다. 그들이 믿음의 사람, 사랑의 사람, 복음 전도의 사도로 변화된 것입니다. 우리에게도 이러한 경험과 변화가 필요합니다. 예수님을 만남으로 나는 십자가에서 죽고, 내 속에서 예수님이 부활하시는 경험으로 하나님의 사람으로 변화되어야 합니다.

말씀묵상

하나님은 전능하신 하나님이십니다. 하나님의 능력이 내 삶에 경험되기 위해서는 믿음을 요구합니다. 믿음의 순종은 하나님의 능력을 내 삶에 나타내는 신실한 태도입니다.

말씀적용 오늘의 감사

말씀적용

오늘의 감사

믿음으로 감사

소망으로 감사

사랑으로 감사

말씀암송

눅 17:2 그가 이 작은 자 중의 하나를 □□하게 할진대 차라리 □□□□이 그 목에 매여 □□에 던져지는 것이 나으리라

말씀기도

❶ 전능하신 하나님의 능력을 믿고 용서와 사랑, 위로의 능력이 행해지는 삶을 살게 하소서.
❷ 용서의 사람으로 변화시켜 주소서.
❸ 그리스도의 향기에 합당한 삶을 살 수 있도록 붙들어 주소서.

말씀배경 지식

대부분의 학자들은 홍해의 위치를 수에즈만 북단으로 본다. 문제는 홍해를 가리키는 원어 '얌 숩'이 '갈대 바다'라는 의미를 갖고 있어 이를 실제 바다로 보지 않고 폭이 수십 킬로미터에 이르는 갈대숲(호수 부근의 습지)으로 보고 있는 데 있다. 그러나 전통적으로는 오늘날의 '비터 호수'(쓴물 호수)를 홍해로 본다.

63 일차/365

3월 4일

하나님의 인도하심

출애굽기 15장 | 누가복음 18장 | 욥기 33장 | 고린도후서 3장

말씀 연결 구원과 응답 (출 15, 눅 18)

출애굽기 15장 | 하나님의 구원하심

15:8 주의 콧김에 물이 쌓이되 파도가 언덕 같이 일어서고 큰 물이 바다 가운데 엉기니이다

15:10 주께서 바람을 일으키시매 바다가 그들을 덮으니 그들이 거센 물에 납 같이 잠겼나이다

15:17 주께서 백성을 인도하사 그들을 주의 기업의 산에 심으시리이다 여호와여 이는 주의 처소를 삼으시려고 예비하신 것이라 주여 이것이 주의 손으로 세우신 성소로소이다

15:20 아론의 누이 선지자 미리암이 손에 소고를 잡으매 모든 여인도 그를 따라 나오며 소고를 잡고 춤추니

15:22 모세가 홍해에서 이스라엘을 인도하매 그들이 나와서 수르 광야로 들어가서 거기서 사흘길을 걸었으나 물을 얻지 못하고

15:25 모세가 여호와께 부르짖었더니 여호와께서 그에게 한 나무를 가리키시니 그가 물에 던지니 물이 달게 되었더라 거기서 여호와께서 그들을 위하여 법도와 율례를 정하시고 그들을 시험하실새

누가복음 18장 | 기도의 응답

18:5 이 과부가 나를 번거롭게 하니 내가 그 원한을 풀어 주리라 그렇지 않으면 늘 와서 나를 괴롭게 하리라 하였느니라

18:11 바리새인은 서서 따로 기도하여 이르되 하나님이여 나는 다른 사람들 곧 토색, 불의, 간음을 하는 자들과 같지 아니하고 이 세리와도 같지 아니함을 감사하나이다

18:13 세리는 멀리 서서 감히 눈을 들어 하늘을 쳐다보지도 못하고 다만 가슴을 치며 이르되 하나님이여 불쌍히 여기소서 나는 죄인이로소이다 하였느니라

18:16 예수께서 그 어린 아이들을 불러 가까이 하시고 이르시되 어린 아이들이 내게 오는 것을 용납하고 금하지 말라 하나님의 나라가 이런 자의 것이니라

18:20 네가 계명을 아나니 간음하지 말라, 살인하지 말라, 도둑질하지 말라, 거짓 증언 하지 말라, 네 부모를 공경하라 하였느니라

오늘의 찬양
찬송가 585장 | 내 주는 강한 성이요

맥체인성경365
382p

말씀 연결 말씀과 영 (욥 33, 고후 3)

욥기 33장 | 여러 모양으로 말씀하심

33:7 내 위엄으로는 그대를 두렵게 하지 못하고 내 손으로는 그대를 누르지 못
하느니라

33:19 혹은 사람이 병상의 고통과 뼈가 늘 쑤심의 징계를 받나니

33:23 만일 일천 천사 가운데 하나가 그 사람의 중보자로 함께 있어서 그의 정당
함을 보일진대

33:24 하나님이 그 사람을 불쌍히 여기사 그를 건져서 구덩이에 내려가지 않게
하라 내가 대속물을 얻었다 하시리라

33:25 그런즉 그의 살이 청년보다 부드러워지며 젊음을 회복하리라

33:30 그들의 영혼을 구덩이에서 이끌어 생명의 빛을 그들에게 비추려 하심이
니라

고린도후서 3장 | 주의 영으로 함께 하심

3:7 돌에 써서 새긴 죽게 하는 율법 조문의 직분도 영광이 있어 이스라엘 자손들은
모세의 얼굴의 없어질 영광 때문에도 그 얼굴을 주목하지 못하였거든

3:8 하물며 영의 직분은 더욱 영광이 있지 아니하겠느냐

3:9 정죄의 직분도 영광이 있은즉 의의 직분은 영광이 더욱 넘치리라

3:13 우리는 모세가 이스라엘 자손들에게 장차 없어질 것의 결국을 주목하지 못하
게 하려고 수건을 그 얼굴에 쓴 것 같이 아니하노라

더 깊은 묵상

하나님은 홍해 바다를 가르는 기적을 통해 이스라엘 백성을 구원하신 하나님이십니다. 여호와는 우리의 힘과 노래요, 용사가 되시는 하나님이시며 찬송 받으시기 합당하십니다. 그 하나님께서 "너희가 너희 하나님 나 여호와의 말을 들어 순종하고 내가 보기에 의를 행하며 내 계명에 귀를 기울이며 내 모든 규례를 지키면 내가 애굽 사람에게 내린 모든 질병 중 하나도 너희에게 내리지 아니하리니 나는 너희를 치료하는 여호와임이라"(출 15:26)라고 말씀하십니다.

하나님은 우리를 구원하시는 하나님, 치료하시는 하나님이십니다. 그 하나님이 우리의 하나님이 되기 위해서는 우리가 하나님의 의를 행하며 계명에 귀를 기울이며 모든 규례를 지키는 일이 필요합니다. 하나님과 우리는 이렇게 언약 다시 말하면 계약으로 맺어진 관계입니다. 만약 우리가 약속을 지키지 못하면 계약이 파기될 수 있습니다.

하나님은 우리의 기도에 응답하십니다. 과부의 기도, 택하신 자들의 부르짖는 기도, 죄인의 겸손한 기도를 듣고 응답하시는 분이 하나님이시기 때문에 항상 기도하되 낙심하지 말아야 합니다.

성경은 우리와 함께하시는 하나님의 모습에 대해 말씀해주고 있습니다. 하나님은 말씀으로, 꿈이나 환상으로, 기도 응답 등 다양한 모습으로 우리에게 말씀하십니다. 사도 바울은 주의 성령으로 우리와 함께 계시는 하나님에 대해 보여주고 있습니다. 이런 다양한 모습으로 함께하시는 하나님과 늘 동행하는 우리가 되어야 하겠습니다.

말씀묵상

낯선 길을 갈 때 두려움이 있지만, 그 길을 아는 누군가의 안내를 받으면 두려움이 사라집니다. 하나님은 우리 길을 인도하십니다. 우리가 가야 할 길을 알고 계시는 하나님의 인도하심에 순종하며 따를 때 무사히 목적지에 다다를 수 있습니다.

말씀적용 오늘의 감사

말씀적용

오늘의 감사

믿음으로 감사

소망으로 감사

사랑으로 감사

말씀암송

눅 18:25 낙타가 □□□로 들어가는 것이 부자가 □□□의 나라에 들어가는 것보다 쉬우니라 하시니

말씀기도

❶ 주님과 늘 동행하는 삶을 살게 하소서.
❷ 진리의 말씀과 영으로 인도하심을 따라 복된 삶을 살아가는 성도가 되게 하소서.
❸ 하나님의 말씀에 순종하며 모든 규례를 지키는 하루하루가 되게 하소서.

말씀배경 지식

홍해를 건넌 이스라엘 백성들이 본격적인 출애굽 여정에 들어섰다. 홍해에서 시내 산에 이르는 과정에서 '마라'라는 쓴물을 만났지만, 하나님께서 단물로 변하게 하셨다. 특히 엘림과 시내 산 사이의 신 광야에서 일어난 만나와 메추라기 사건을 주목하면 하나님께서 우리의 필요를 채워주시는 분이심을 알 수 있다.

64 일차 / 365

3월 5일

시험

출애굽기 16장 | 누가복음 19장 | 욥기 34장 | 고린도후서 4장

말씀 연결 시험 (출 16, 눅 19)

출애굽기 16장 | 하나님의 시험

16:3 이스라엘 자손이 그들에게 이르되 우리가 애굽 땅에서 고기 가마 곁에 앉
아 있던 때와 떡을 배불리 먹던 때에 여호와의 손에 죽었더라면 좋았을 것을 너
희가 이 광야로 우리를 인도해 내어 이 온 회중이 주려 죽게 하는도다

16:4 그 때에 여호와께서 모세에게 이르시되 보라 내가 너희를 위하여 하늘에서
양식을 비 같이 내리리니 백성이 나가서 일용할 것을 날마다 거둘 것이라 이같이
하여 그들이 내 율법을 준행하나 아니하나 내가 시험하리라

16:5 여섯째 날에는 그들이 그 거둔 것을 준비할지니 날마다 거두던 것의 갑절
이 되리라

16:13 저녁에는 메추라기가 와서 진에 덮이고 아침에는 이슬이 진 주위에 있더
니

16:18 오멜로 되어 본즉 많이 거둔 자도 남음이 없고 적게 거둔 자도 부족함이
없이 각 사람은 먹을 만큼만 거두었더라

16:19 모세가 그들에게 이르기를 아무든지 아침까지 그것을 남겨두지 말라 하
였으나

누가복음 19장 | 직분, 명령을 통한 시험

19:8 삭개오가 서서 주께 여짜오되 주여 보시옵소서 내 소유의 절반을 가난한
자들에게 주겠사오며 만일 누구의 것을 속여 빼앗은 일이 있으면 네 갑절이나 갚
겠나이다

19:18 그 둘째가 와서 이르되 주인이여 당신의 한 므나로 다섯 므나를 만들었나
이다

19:23 그러면 어찌하여 내 돈을 은행에 맡기지 아니하였느냐 그리하였으면 내
가 와서 그 이자와 함께 그 돈을 찾았으리라 하고

19:31 만일 누가 너희에게 어찌하여 푸느냐 묻거든 말하기를 주가 쓰시겠다 하
라 하시매

오늘의 찬양

찬송가 429장 | 세상 모든 풍파 너를 흔들어

맥체인성경365
388p

말씀 연결 시험 (욥 34, 고후 4)

욥기 34장 | 시험은 언제까지인가

34:7 어떤 사람이 욥과 같으랴 욥이 비방하기를 물마시듯 하며

34:13 누가 땅을 그에게 맡겼느냐 누가 온 세상을 그에게 맡겼느냐

34:17 정의를 미워하시는 이시라면 어찌 그대를 다스리시겠느냐 의롭고 전능하신 이를 그대가 정죄하겠느냐

34:24 세력 있는 자를 조사할 것 없이 꺾으시고 다른 사람을 세워 그를 대신하게 하시느니라

34:29 주께서 침묵하신다고 누가 그를 정죄하며 그가 얼굴을 가리신다면 누가 그를 뵈올 수 있으랴 그는 민족에게나 인류에게나 동일하시니

34:37 그가 그의 죄에 반역을 더하며 우리와 어울려 손뼉을 치며 하나님을 거역하는 말을 많이 하는구나

고린도후서 4장 | 시험을 이길 수 있는 이유

4:7 우리가 이 보배를 질그릇에 가졌으니 이는 심히 큰 능력은 하나님께 있고 우리에게 있지 아니함을 알게 하려 함이라

4:8 우리가 사방으로 욱여쌈을 당하여도 싸이지 아니하며 답답한 일을 당하여도 낙심하지 아니하며

4:12 그런즉 사망은 우리 안에서 역사하고 생명은 너희 안에서 역사하느니라

4:18 우리가 주목하는 것은 보이는 것이 아니요 보이지 않는 것이니 보이는 것은 잠깐이요 보이지 않는 것은 영원함이라

더 깊은 묵상

하나님은 시험을 통해 우리가 하나님의 말씀에 진심으로 순종하는지를 확인하십니다. 그리고 하나님은 시련을 통해 우리를 단련시키십니다. 시험과 시련은 우리가 고난과 고통 가운데서도 하나님을 의지하며 동행하는지 아니면 하나님을 원망하거나 세상의 유혹을 좇아 다른 것을 의지하는지를 확인시켜 줍니다.

하나님은 광야에서 굶주린 이스라엘 백성들을 위해 하늘에서 만나를 내려 날마다 일용할 양식을 채워주십니다. 하나님은 만나를 먹을 만큼만 거두고 저장하지 말라고 명령하셨습니다. 그러나 당장 내일의 양식이 더 걱정이었던 이스라엘 백성은 하나님의 말씀을 거역합니다.

예수님은 열 므나의 비유를 통해 작은 일에도 충성하는 종들을 칭찬하셨지만 맡겨진 므나를 통해 아무 이익도 남기지도 않은 악한 종은 꾸짖으셨습니다. 그리고 예루살렘의 성전에 들어가셔서 성전에서 장사하는 자들을 내쫓으시고, 하나님의 성전을 장사의 도구로 사용하는 자들을 엄하게 비판하였습니다.

오늘날 교회의 현실은 어떻습니까? 복음을 전파하는 것이 아니라 특정 교파나 교회를 전파하고, 예수를 위하여 다른 사람들의 종이 되는 것이 아니라 교회 성장을 위하여 교인 수 채우기에 급급한 것은 아닌지 두려운 마음으로 돌아보아야겠습니다. 교회가 세상을 걱정하는 것이 아니라, 세상이 교회를 걱정하는 오늘날의 현실을 두려운 마음으로 교회 된 우리 스스로를 돌아보아야 하겠습니다.

말씀묵상

성도의 길에는 항상 시험이 있습니다. 그러나 우리가 낙심하지 않을 것은 우리의 겉사람은 낡아지나 우리의 속사람은 하나님의 은혜로 날로 새로워지기 때문입니다.

말씀적용 오늘의 감사

말씀적용

오늘의 감사

믿음으로 감사

소망으로 감사

사랑으로 감사

말씀암송

고후 4:18 우리가 주목하는 것은 □□□ 것이 아니요 □□□ 않는 것이니 □□□ 것은 잠깐이요 □□□ 않는 것은 영원함이라

말씀기도

❶ 삶 가운데 시험이 닥쳐오더라도 예수 그리스도 안에서 낙심하지 말고 온전한 사명을 감당하게 하소서.
❷ 하나님께서 명령하시는 말씀에 즉각 순종하게 하소서.
❸ 날마다 말씀을 묵상하고 주님께 기도하며 날마다 속사람이 새로워지게 하소서.

말씀배경 지식

만나.. 깟씨 (출 16:31)

만나와 깟씨는 지중해 연안에서 서식하는 키 50cm 정도의 미나리과에 속하는 일년생 초목이다. 지름 3mm의 회백색 열매는 조미료, 향료로 사용된다. 만나는 '무어'(이것이 무엇이냐)라는 뜻의 히브리어 '만'의 헬라식 번역 '만나'에서 유래된 표현이다. 광야 생활 40년간 이스라엘 백성들의 식량으로 사용되었다.

65 일차 365

주를 기쁘게 하는 삶

3월 6일

출애굽기 17장 | 누가복음 20장 | 욥기 35장 | 고린도후서 5장

말씀 연결 순종과 복음을 전하는 삶 (출 17, 눅 20)

출애굽기 17장 | 원망을 버리고 순종하는 삶

17:8 그 때에 아말렉이 와서 이스라엘과 르비딤에서 싸우니라

17:10 여호수아가 모세의 말대로 행하여 아말렉과 싸우고 모세와 아론과 훌은
산 꼭대기에 올라가서

17:15 모세가 제단을 쌓고 그 이름을 여호와 닛시라 하고

누가복음 20장 | 가르치며 복음을 전하는 삶

20:4 요한의 세례가 하늘로부터냐 사람으로부터냐

20:10 때가 이르매 포도원 소출 얼마를 바치게 하려고 한 종을 농부들에게 보내
니 농부들이 종을 몹시 때리고 거저 보내었거늘

20:17 그들을 보시며 이르시되 그러면 기록된 바 건축자들의 버린 돌이 모퉁이
의 머릿돌이 되었느니라 함이 어찜이냐

20:22 우리가 가이사에게 세를 바치는 것이 옳으니이까 옳지 않으니이까 하니

20:24 데나리온 하나를 내게 보이라 누구의 형상과 글이 여기 있느냐 대답하되
가이사의 것이니이다

오늘의 찬양
찬송가 526장 | 목마른 자들아

맥체인성경365
394p

말씀 연결 헛된 것과 화목함 (욥 35, 고후 5)

욥기 35장 | 헛된 것을 따르지 않음

35:7 그대가 의로운들 하나님께 무엇을 드리겠으며 그가 그대의 손에서 무엇을
받으시겠느냐

35:10 나를 지으신 하나님은 어디 계시냐고 하며 밤에 노래를 주시는 자가 어디
계시냐고 말하는 자가 없구나

35:15 그러나 지금은 그가 진노하심으로 벌을 주지 아니하셨고 악행을 끝까지
살피지 아니하셨으므로

고린도후서 5장 | 하나님과 화목함

5:1 만일 땅에 있는 우리의 장막 집이 무너지면 하나님께서 지으신 집 곧 손으로 지
은 것이 아니요 하늘에 있는 영원한 집이 우리에게 있는 줄 아느니라

5:11 우리는 주의 두려우심을 알므로 사람들을 권면하거니와 우리가 하나님 앞에
알리어졌으니 또 너희의 양심에도 알리어지기를 바라노라

5:12 우리가 다시 너희에게 자천하는 것이 아니요 오직 우리로 말미암아 자랑할 기
회를 너희에게 주어 마음으로 하지 않고 외모로 자랑하는 자들에게 대답하게 하려
하는 것이라

5:14 그리스도의 사랑이 우리를 강권하시는도다 우리가 생각하건대 한 사람이 모
든 사람을 대신하여 죽었은즉 모든 사람이 죽은 것이라

5:17 그런즉 누구든지 그리스도 안에 있으면 새로운 피조물이라 이전 것은 지나갔
으니 보라 새 것이 되었도다

5:18 모든 것이 하나님께로서 났으며 그가 그리스도로 말미암아 우리를 자기와 화
목하게 하시고 또 우리에게 화목하게 하는 직분을 주셨으니

5:20 그러므로 우리가 그리스도를 대신하여 사신이 되어 하나님이 우리를 통하여
너희를 권면하시는 것 같이 그리스도를 대신하여 간청하노니 너희는 하나님과 화
목하라

더 깊은 묵상

하나님의 백성, 하나님의 자녀라고 말하면서 매일 매일 살아가는 삶의 모습이 하나님을 기쁘시게 하는 삶인지 아니면 내가 기뻐하는 삶인지 생각해 봅니다.

목마른데 마실 물이 없다고 모세에게 따지고 하나님을 원망하였던 이스라엘 백성들처럼 삶의 중심이 하나님께 있지 않고 내게 있으면 힘든 일, 나쁜 일이 생겼을 때 하나님을 원망하게 됩니다. 그러나 자비하신 하나님은 그런 이스라엘 백성들을 벌하지 않으시고 반석에서 생수가 나오게 하십니다. 아말렉과의 싸움에서 승리하게 하십니다. 우리 하나님은 그런 하나님이십니다.

예수님은 하나님이 기뻐하시는 삶의 모습들에 대해 말씀해주십니다. 하나님이 기뻐하시는 삶은 약자들과 함께하는 삶, 누군가를 세워주는 삶, 위로하고 공감하는 삶입니다. 자신의 이익을 위해 남의 생명을 빼앗는 삶, 남을 책잡기 위해 시험하고 덫을 놓는 삶, 교리논쟁으로 비판을 위한 비판을 일삼는 삶, 남에게 잘 보이려는 외식과 가식적인 삶, 누군가를 무너뜨리는 삶은 하나님께서 기뻐하시지 않습니다.

우리가 이 땅을 살아가는 이유는 우리 자신을 위하여가 아니라 오직 예수를 위하여 사는 삶이라고 말씀하십니다. 우리는 그리스도 안에서 새로운 피조물로 거듭났습니다. 육신으로는 죽고 영으로 부활한 삶입니다. 그런데 아직도 그리스도 안에 있지 못하고, 지난 과거 속의 자아에 갇혀 있다면 새것이 되었다고 할 수 없습니다.

말씀묵상

예수님은 이 땅에 왕으로 오셨습니다. 우리는 왕으로 오셨음을 기뻐해야 합니다. 그리고 예수 그리스도를 전하며 가르치는 삶을 최고의 기쁨으로 삼아야 합니다.

말씀적용 오늘의 감사

말씀적용

오늘의 감사

믿음으로 감사

소망으로 감사

사랑으로 감사

말씀암송

고후 5:17 그런즉 누구든지 그리스도 안에 있으면 새로운 □□□이라 이전 것은 지나갔으니 보라 새 것이 되었도다

말씀기도

❶ 하나님을 기쁘시게 하는 자로서의 사명을 깨닫게 하소서.
❷ 주님을 기쁘게 하는 삶을 살도록 붙들어 주소서.
❸ 주님께서 주신 삶을 마치고 하나님 앞에 서게 되었을 때 부끄러움 없는 삶을 살 수 있도록 하소서.

말씀배경 지식

사두개인
(눅 20:27)
사두개인은 솔로몬 당시 대제사장 사독의 후손들로 추정되는 유대의 종교 집단이다. 장로들의 전통을 배격하며 부활을 부인하는 등 바리새파에 반대되는 개방적 종교 성향을 보였으며, 당시 제사장 계급을 중심으로 상당한 정치적 영향력을 행사하였다.

이런 하루가 되게 하소서

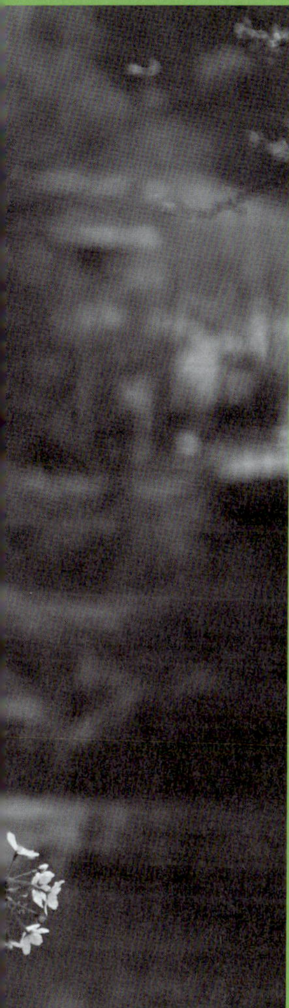

한 포기 풀 속에서도
주님의 솜씨를 보게 하시고
스쳐 가는 바람결 속에서도
주님의 손길을 느끼게 하소서.

잠시 스치는 사람들 속에서도
주님의 사랑을 알게 하셔서
걸음걸음을 인도하시는
주님의 은혜를 깨닫게 하소서.

구하는 것보다
감사하는 일이 더 많게 하시고
섬김을 받는 것보다
먼저 섬기게 하소서.

순간순간 주님과 걸으며
오늘의 삶 속에서
최선의 것으로 주님께 드리는
하루가 되게 하소서.

사랑은 영원한 느낌표 / 선교횃불

66 일차 365

3월 7일

균형 잡힌 삶

출애굽기 18장 | 누가복음 21장 | 욥기 36장 | 고린도후서 6장

말씀 연결 권한과 얻는 것 (출 18, 눅 21)

출애굽기 18장 | 권한 위임

18:2 모세의 장인 이드로가 모세가 돌려 보냈던 그의 아내 십보라와

18:5 모세의 장인 이드로가 모세의 아들들과 그의 아내와 더불어 광야에 들어와 모세에게 이르니 곧 모세가 하나님의 산에 진 친 곳이라

18:7 모세가 나가서 그의 장인을 맞아 절하고 그에게 입 맞추고 그들이 서로 문안하고 함께 장막에 들어가서

18:10 이드로가 이르되 여호와를 찬송하리로다 너희를 애굽 사람의 손에서와 바로의 손에서 건져내시고 백성을 애굽 사람의 손 아래에서 건지셨도다

18:17 모세의 장인이 그에게 이르되 네가 하는 것이 옳지 못하도다

18:21 너는 또 온 백성 가운데서 능력 있는 사람들 곧 하나님을 두려워하며 진실하며 불의한 이익을 미워하는 자를 살펴서 백성 위에 세워 천부장과 백부장과 오십부장과 십부장을 삼아

18:26 그들이 때를 따라 백성을 재판하되 어려운 일은 모세에게 가져오고 모든 작은 일은 스스로 재판하더라

누가복음 21장 | 인내로 영혼을 얻는 것

21:1 예수께서 눈을 들어 부자들이 헌금함에 헌금 넣는 것을 보시고

21:2 또 어떤 가난한 과부가 두 렙돈 넣는 것을 보시고

21:9 난리와 소요의 소문을 들을 때에 두려워하지 말라 이 일이 먼저 있어야 하되 끝은 곧 되지 아니하리라

21:34 너희는 스스로 조심하라 그렇지 않으면 방탕함과 술취함과 생활의 염려로 마음이 둔하여지고 뜻밖에 그 날이 덫과 같이 너희에게 임하리라

21:37 예수께서 낮에는 성전에서 가르치시고 밤에는 나가 감람원이라 하는 산에서 쉬시니

오늘의 찬양

찬송가 330장 | 어둔 밤 쉬 되리니

맥체인성경365
399p

말씀 연결 일의 균형과 마음 (욥 36, 고후 6)

욥기 36장 | 하나님이 하시는 일의 균형

36:4 진실로 내 말은 거짓이 아니라 온전한 지식을 가진 이가 그대와 함께 있느니라

36:10 그들의 귀를 열어 교훈을 듣게 하시며 명하여 죄악에서 돌이키게 하시나니

36:16 그러므로 하나님이 그대를 환난에서 이끌어 내사 좁지 않고 넉넉한 곳으로 옮기려 하셨은즉 무릇 그대의 상에는 기름진 것이 놓이리라

36:26 하나님은 높으시니 우리가 그를 알 수 없고 그의 햇수를 헤아릴 수 없느니라

36:31 이런 것들로 만민을 심판하시며 음식을 풍성하게 주시느니라

고린도후서 6장 | 마음을 넓혀야 함

6:1 우리가 하나님과 함께 일하는 자로서 너희를 권하노니 하나님의 은혜를 헛되이 받지 말라

6:8 영광과 욕됨으로 그러했으며 악한 이름과 아름다운 이름으로 그러했느니라 우리는 속이는 자 같으나 참되고

6:9 무명한 자 같으나 유명한 자요 죽은 자 같으나 보라 우리가 살아 있고 징계를 받는 자 같으나 죽임을 당하지 아니하고

6:15 그리스도와 벨리알이 어찌 조화되며 믿는 자와 믿지 않는 자가 어찌 상관하며

더 깊은 묵상

균형 잡힌 삶이란 이 땅의 사는 사람으로 마땅히 지켜야 할 법이나 도덕을 지키면서 동시에 하나님의 율법과 공의도 지키는 삶일 것입니다.

하나님께서 출애굽 과정에서 모세와 이스라엘 백성에게 행하신 모든 일을 들은 모세의 장인 이드로는 "이제 내가 알았도다 여호와는 모든 신보다 크시므로 이스라엘에게 교만하게 행하는 그들을 이기셨도다"(11절)라고 고백합니다. 하나님 나라의 백성은 모세를 통하여 이방인이었던 이드로가 하나님을 알게 되는 것처럼 하나님을 모르는 사람들에게 증인의 삶을 살아야 합니다. 모세를 통하여 여호와 하나님을 알게 된 이드로는 모세의 일이 과중한 것을 알고는 천부장, 백부장, 오십부장 등을 세워 모세를 대신해 재판과 업무를 처리하라고 조언합니다. 모세는 장인인 이드로의 조언에 따라 사람들을 세웁니다. 세상과 하나님 나라 사이에서 균형 잡힌 삶의 모습을 잘 보여 주고 있습니다.

예수님도 우리에게 균형 잡힌 삶의 모습에 대해 말씀해주십니다. 우리가 이 세상을 살아가는 동안 쉽게 빠질 수 있는 방탕함과 술취함과 생활의 염려로 마음이 둔하여지지 않도록 조심하라고 말씀하십니다. 그리고 항상 기도하며 깨어 있으라고 하십니다. 예수님도 낮에는 성전에서 가르치시고 밤에는 감람원이라 하는 산에서 쉬셨습니다. 일과 휴식 사이에서 균형 잡힌 삶의 모습을 보여 주십니다.

하나님의 자녀는 근심하는 자 같으나 항상 기뻐하고 가난한 자 같으나 부요하고, 아무 것도 없는 자 같으나 모든 것을 가진 자라고 말씀해주십니다. 이 세상을 살면서 세상 사람들과 같이 삶의 여러 가지 어려운 일들로 근심하는 자 같으나 우리에게는 하나님이 계시므로 항상 기뻐할 수 있습니다. 우리는 세상이 보기에는 가난한 자 같으나 천국에 하늘 보화를 쌓아둔 사람들입니다. 우리가 부요하게 되기보다는 많은 사람들을 부요하게 만드는 사람들입니다. 이것이 하나님 나라의 비밀입니다.

말씀묵상

삶의 균형은 중요합니다. 하나님의 섭리하심은 악인과 의인에게 골고루 햇빛과 비를 주십니다. 하나님의 자녀로서 삶의 균형을 잡고 살아가야 합니다.

말씀적용 오늘의 감사

말씀적용

오늘의 감사

믿음으로 감사

소망으로 감사

사랑으로 감사

말씀암송

욥 36:10 그들의 [ ]를 열어 [ ][ ]을 듣게 하시며 명하여 [ ][ ]에서 돌이키게 하시나니

말씀기도

❶ 주님의 은혜로 균형 있는 삶을 살게 하소서.
❷ 하나님의 은혜로 채워가는 삶을 살게 하소서.
❸ 하나님으로 인해 기뻐하고 주변 사람들을 부요하게 하는 삶을 살아가게 하소서.

말씀배경 지식

남창 (욥 36:14)
'남창'의 원어 '카데쉬'는 '구별하다'라는 뜻이다. 이방 신전에서 사제로 구별된 남자를 가리킨다. 이들은 제사에서 음란한 의식도 서슴없이 자행하였다. '남색하는 자', '미동'으로도 언급된다. 고대인들은 이들이 대부분 젊은 날에 요절하는 것으로 믿었다.

67 일차 365

하나님의 임재

3월 8일

출애굽기 19장 | 누가복음 22장 | 욥기 37장 | 고린도후서 7장

말씀 연결 나타나신 하나님 (출 19, 눅 22)

출애굽기 19장 | 시내 산에 나타나신 하나님

19:4 내가 애굽 사람에게 어떻게 행하였음과 내가 어떻게 독수리 날개로 너희를 업어 내게로 인도하였음을 너희가 보았느니라

19:5 세계가 다 내게 속하였나니 너희가 내 말을 잘 듣고 내 언약을 지키면 너희는 모든 민족 중에서 내 소유가 되겠고

19:6 너희가 내게 대하여 제사장 나라가 되며 거룩한 백성이 되리라 너는 이 말을 이스라엘 자손에게 전할지니라

19:13 그런 자에게는 손을 대지 말고 돌로 쳐죽이거나 화살로 쏘아 죽여야 하리니 짐승이나 사람을 막론하고 살아남지 못하리라 하고 나팔을 길게 불거든 산 앞에 이를 것이니라 하라

누가복음 22장 | 몸을 내어주신 하나님

22:16 내가 너희에게 이르노니 이 유월절이 하나님의 나라에서 이루기까지 다시 먹지 아니하리라 하시고

22:19 또 떡을 가져 감사 기도 하시고 떼어 그들에게 주시며 이르시되 이것은 너희를 위하여 주는 내 몸이라 너희가 이를 행하여 나를 기념하라 하시고

22:20 저녁 먹은 후에 잔도 그와 같이 하여 이르시되 이 잔은 내 피로 세우는 새 언약이니 곧 너희를 위하여 붓는 것이라

22:21 그러나 보라 나를 파는 자의 손이 나와 함께 상 위에 있도다

22:25 예수께서 이르시되 이방인의 임금들은 그들을 주관하며 그 집권자들은 은인이라 칭함을 받으나

22:31 시몬아, 시몬아, 보라 사탄이 너희를 밀 까부르듯 하려고 요구하였으나

오늘의 찬양

찬송가 459장 | 누가 주를 따라

맥체인성경365
404p

말씀 연결 경외와 두려움 (욥 37, 고후 7)

욥기 37장 | 경외해야 할 하나님

37:5 하나님은 놀라운 음성을 내시며 우리가 헤아릴 수 없는 큰 일을 행하시느
니라

37:6 눈을 명하여 땅에 내리라 하시며 적은 비와 큰 비도 내리게 명하시느니라

37:9 폭풍우는 그 밀실에서 나오고 추위는 북풍을 타고 오느니라

37:10 하나님의 입김이 얼음을 얼게 하고 물의 너비를 줄어들게 하느니라

37:13 혹은 징계를 위하여 혹은 땅을 위하여 혹은 긍휼을 위하여 그가 이런 일을
생기게 하시느니라

37:24 그러므로 사람들은 그를 경외하고 그는 스스로 지혜롭다 하는 모든 자를
무시하시느니라

고린도후서 7장 | 하나님을 두려워하는 가운데 행할 것

7:1 그런즉 사랑하는 자들아 이 약속을 가진 우리는 하나님을 두려워하는 가운데
서 거룩함을 온전히 이루어 육과 영의 온갖 더러운 것에서 자신을 깨끗하게 하자

7:8 그러므로 내가 편지로 너희를 근심하게 한 것을 후회하였으나 지금은 후회하
지 아니함은 그 편지가 너희로 잠시만 근심하게 한 줄을 앎이라

7:15 그가 너희 모든 사람들이 두려움과 떪으로 자기를 영접하여 순종한 것을 생
각하고 너희를 향하여 그의 심정이 더욱 깊었으니

더 깊은 묵상

하나님은 출애굽한지 3개월이 되던 날 시내 산에서 모세에게 나타나 이렇게 말씀하십니다. "세계가 다 내게 속하였나니 너희가 내 말을 잘 듣고 내 언약을 지키면 너희는 모든 민족 중에서 내 소유가 되겠고 너희가 내게 대하여 제사장 나라가 되며 거룩한 백성이 되리라 너는 이 말을 이스라엘 자손에게 전할지니라"(출 19:5-6). 이스라엘이 하나님의 백성이 되어, 세상을 향해 제사장 나라가 되게 하시겠다는 약속의 말씀입니다. 이 언약의 조건은 '너희가 내 말을 잘 듣고 내 언약을 지키면' 입니다. 하나님의 말씀을 듣고 그 언약을 지킬 때 하나님의 백성이 됩니다.

누가복음에서 예수님은 제자들과 최후의 만찬을 나누시면서 예수님의 몸을 떡으로 비유하시고 포도주를 "이 잔은 내 피로 세우는 새 언약"이라고 말씀하시고 이를 기념하라고 말씀하십니다. 이는 십자가에서 자기 몸을 내어주고 피 흘려 돌아가심으로 우리를 구원하시는 구원의 역사, 대속의 은혜를 가리켜 말씀하시는 것입니다. 예수님께서 우리를 위해 자기 몸과 피를 내어주셨듯이, 예수님의 제자이자 하나님의 백성인 우리도 우리의 몸을 이웃들을 위해 내어주는 삶을 살아야 하겠습니다. 예수님이 기념하라고 하신 것은 단순히 성찬식을 통해 종교적 의식으로 예수님을 기념하라는 뜻만이 아니라 우리도 세상을 위하여 우리를 희생하는 삶을 살라는 뜻이기도 합니다.

말씀묵상

성도는 모든 염려를 하나님께 맡겨야 합니다. 그리고 두렵고 떨림으로 하나님을 섬겨야 합니다. 염려는 또 다른 불신앙으로 하나님의 의를 이루지 못하게 합니다. 내 안의 염려를 버리고 평안으로 무장하여야 합니다.

말씀적용 오늘의 감사

말씀적용

오늘의 감사

믿음으로 감사

소망으로 감사

사랑으로 감사

말씀암송

욥 37:24 그러므로 사람들은 그를 ☐☐하고 그는 스스로 지혜롭다 하는 모든 자를 ☐☐하시느니라

말씀기도

❶ 하나님의 말씀에 순종하고 세상의 빛과 소금으로 살아갈 수 있게 도와주소서.
❷ 우리를 주님의 사랑과 희생과 헌신을 전하는 도구가 되게 하소서.
❸ 삶 가운데 주님을 두렵고 떨리는 마음으로 섬기게 하소서.

말씀배경 지식

시내 산 (출 19:11)
시내 산은 하나님께서 강림하셔서 이스라엘 백성과 언약을 맺으시고 계명과 율법을 수여하신 거룩한 산이다. 정확한 위치는 알 수 없으나 전통적으로는 시내 반도 남단의 '예벨 무사' 즉 모세의 산으로 해발 2,286m로 보는 견해가 일반적이다. 동편 기슭의 성 캐더린 수도원에는 많은 신약 사본과 고대 번역들이 소장되어 있다.

68 일차/365

하나님을 경외

3월 9일

출애굽기 20장 | 누가복음 23장 | 욥기 38장 | 고린도후서 8장

말씀 연결 율법, 경외 (출 20, 눅 23)

출애굽기 20장 | 율법을 주신 이유

20:3 너는 나 외에는 다른 신들을 네게 두지 말라

20:5 그것들에게 절하지 말며 그것들을 섬기지 말라 나 네 하나님 여호와는 질투하는 하나님인즉 나를 미워하는 자의 죄를 갚되 아버지로부터 아들에게로 삼사 대까지 이르게 하거니와

20:7 너는 네 하나님 여호와의 이름을 망령되게 부르지 말라 여호와는 그의 이름을 망령되게 부르는 자를 죄 없다 하지 아니하리라

20:13 살인하지 말라

20:14 간음하지 말라

20:16 네 이웃에 대하여 거짓 증거하지 말라

20:17 네 이웃의 집을 탐내지 말라 네 이웃의 아내나 그의 남종이나 그의 여종이나 그의 소나 그의 나귀나 무릇 네 이웃의 소유를 탐내지 말라

누가복음 23장 | 경외하는 자의 태도

23:2 고발하여 이르되 우리가 이 사람을 보매 우리 백성을 미혹하고 가이사에게 세금 바치는 것을 금하며 자칭 왕 그리스도라 하더이다 하니

23:12 헤롯과 빌라도가 전에는 원수였으나 당일에 서로 친구가 되니라

23:26 그들이 예수를 끌고 갈 때에 시몬이라는 구레네 사람이 시골에서 오는 것을 붙들어 그에게 십자가를 지워 예수를 따르게 하더라

23:28 예수께서 돌이켜 그들을 향하여 이르시되 예루살렘의 딸들아 나를 위하여 울지 말고 너희와 너희 자녀를 위하여 울라

23:33 해골이라 하는 곳에 이르러 거기서 예수를 십자가에 못 박고 두 행악자도 그렇게 하니 하나는 우편에, 하나는 좌편에 있더라

23:35 백성은 서서 구경하는데 관리들은 비웃어 이르되 저가 남을 구원하였으니 만일 하나님이 택하신 자 그리스도이면 자신도 구원할지어다 하고

23:51 (그들의 결의와 행사에 찬성하지 아니한 자라) 그는 유대인의 동네 아리마대 사람이요 하나님의 나라를 기다리는 자라

오늘의 찬양

찬송가 200장 | 달고 오묘한 그 말씀

맥체인성경365
411p

말씀 연결 경외해야 할 이유와 표징 (욥 38, 고후 8)

욥기 38장 | 경외해야 할 이유

38:3 너는 대장부처럼 허리를 묶고 내가 네게 묻는 것을 대답할지니라

38:14 땅이 변하여 진흙에 인친 것 같이 되었고 그들은 옷 같이 나타나되

38:15 악인에게는 그 빛이 차단되고 그들의 높이 든 팔이 꺾이느니라

38:22 네가 눈 곳간에 들어갔었느냐 우박 창고를 보았느냐

38:24 광명이 어느 길로 뻗치며 동풍이 어느 길로 땅에 흩어지느냐

38:30 물은 돌 같이 굳어지고 깊은 바다의 수면은 얼어붙느니라

38:31 네가 묘성을 매어 묶을 수 있으며 삼성의 띠를 풀 수 있겠느냐

38:37 누가 지혜로 구름의 수를 세겠느냐 누가 하늘의 물주머니를 기울이겠느
냐

고린도후서 8장 | 경외함의 외적 표징들

8:4 이 은혜와 성도 섬기는 일에 참여함에 대하여 우리에게 간절히 구하니

8:8 내가 명령으로 하는 말이 아니요 오직 다른 이들의 간절함을 가지고 너희의 사
랑의 진실함을 증명하고자 함이로라

8:9 우리 주 예수 그리스도의 은혜를 너희가 알거니와 부요하신 이로서 너희를 위
하여 가난하게 되심은 그의 가난함으로 말미암아 너희를 부요하게 하려 하심이니

8:13 이는 다른 사람들은 평안하게 하고 너희는 곤고하게 하려는 것이 아니요 균
등하게 하려 함이니

8:14 이제 너희의 넉넉한 것으로 그들의 부족한 것을 보충함은 후에 그들의 넉넉한
것으로 너희의 부족한 것을 보충하여 균등하게 하려 함이라

8:16 너희를 위하여 같은 간절함을 디도의 마음에도 주시는 하나님께 감사하노니

8:20 이것을 조심함은 우리가 맡은 이 거액의 연보에 대하여 아무도 우리를 비방
하지 못하게 하려 함이니

8:24 그러므로 너희는 여러 교회 앞에서 너희의 사랑과 너희에 대한 우리 자랑의
증거를 그들에게 보이라

더 깊은 묵상

하나님을 인격적으로 처음 만난 순간을 기억하시나요? 누구에게나 '나의 하나님'을 처음 만난 순간이 있습니다. 누군가 나에게 복음을 전해주어 그것을 듣고 예수님을 믿기로 결심한 순간일 수도 있고, 오랫동안 교회를 다녔지만 제대로 알지 못했던 예수님이 어느 순간 문득 '이 분이 정말 나의 하나님이시구나' 깨달은 순간일 수도 있고, 부모님으로부터 물려받았던 신앙이 어느 순간 나의 신앙으로 변화된 순간일 수도 있습니다.

이스라엘 백성들에게 여호와 하나님은 아브라함의 하나님, 이삭의 하나님, 야곱의 하나님이었습니다. 즉 그들 자신의 하나님이 아니라 조상들의 하나님이었습니다. 그런 하나님이 이스라엘 민족 공동체의 하나님이자 개개인의 인격적 하나님으로 바뀌게 된 것이 바로 출애굽 사건이었습니다. "나는 너를 애굽 땅, 종 되었던 집에서 인도하여 낸 네 하나님 여호와"(출 20:2)라고 말씀하시는 하나님을 만난 것입니다. "내가 내 이름을 기념하게 하는 모든 곳에서 네게 임하여 복을 주리라"(출 20:24)고 말씀하시며 삶 속에 동행하시는 하나님을 만난 것입니다.

예수님께서 십자가에 못 박히심으로 하나님의 속죄양으로 드려질 때 함께 못 박혔던 죄수 중 하나는 "당신의 나라에 임하실 때에 나를 기억하소서"(눅 23:42)라고 고백하며 구세주이신 예수님을 만났습니다. 그러자 예수님께서는 "내가 진실로 네게 이르노니 오늘 네가 나와 함께 낙원에 있으리라"(눅 23:43)라고 말씀해 주셨습니다. 또한 "백부장이 그 된 일을 보고 하나님께 영광을 돌려 이르되 이 사람은 정녕 의인이었도다"(눅 23:47) 고백하며 예수님을 인격적으로 만납니다. 예수님은 십자가에서 돌아가시는 최후의 순간까지도 이 세상의 죄인들을 구원하신 분이십니다.

우리도 삶 속에서 하나님을 만나야 합니다. '나의 출애굽'을 통해 삶의 고난에서 구원하여 주시고 늘 동행하시는 하나님을 만나야 합니다. '나의 십자가 사건'을 통해 나를 위해 돌아가신 예수님을 만나야 합니다. 그래서 예수님으로부터 '네가 나와 함께 하나님 나라에 있을 것이다'라는 말씀을 들어야 합니다.

말씀묵상

예수님의 십자가 죽음이 내 죄를 대속하기 위한 것임을 깨닫고, 내 삶의 방향을 예수님께로 돌이켜야 합니다. 예수님의 말씀을 따라 그분의 삶을 닮으며 살아야 합니다. 성경 속의 하나님을 삶 속의 하나님으로 만나야 합니다.

말씀적용 오늘의 감사

말씀적용

오늘의 감사

믿음으로 감사

소망으로 감사

사랑으로 감사

말씀암송

출 20:3 너는 [ ] 외에는 다른 [ ] 들을 네게 두지 말라

말씀기도

❶ 하나님을 경외하는 삶으로 주님을 유일한 왕으로 섬기게 하소서.
❷ 주님을 처음 만났을 때의 열정이 다시 회복될 수 있도록 변화시켜 주소서.
❸ 닫힌 입술을 열어주시고, 식은 마음을 뜨겁게 하여 주소서.

말씀배경 지식

연보 (고후 8:2)
연보는 헬라어의 '로기아'로 추렴한 것, 모집한 것이라는 의미가 있다. 자선과 구제 및 교회의 경비 목적으로 성도들이 자발적으로 돈을 모으는 행위를 말하며 성도가 순수한 마음으로 베푸는 연보는 교회의 연합과 성도의 교제를 나타내는 가시적인 표시가 되었다.

69 일차 / 365

3월 10일

법 안에서 행함

출애굽기 21장 | 누가복음 24장 | 욥기 39장 | 고린도후서 9장

말씀 연결 율법의 완성 (출 21, 눅 24)

출애굽기 21장 | 율법을 주심

21:6 상전이 그를 데리고 재판장에게로 갈 것이요 또 그를 문이나 문설주 앞으로 데리고 가서 그것에다가 송곳으로 그의 귀를 뚫을 것이라 그는 종신토록 그 상전을 섬기리라

21:10 만일 상전이 다른 여자에게 장가 들지라도 그 여자의 음식과 의복과 동침하는 것은 끊지 말 것이요

21:29 소가 본래 받는 버릇이 있고 그 임자는 그로 말미암아 경고를 받았으되 단속하지 아니하여 남녀를 막론하고 받아 죽이면 그 소는 돌로 쳐죽일 것이고 임자도 죽일 것이며

21:32 소가 만일 남종이나 여종을 받으면 소 임자가 은 삼십 세겔을 그의 상전에게 줄 것이요 소는 돌로 쳐서 죽일지니라

21:34 그 구덩이 주인이 잘 보상하여 짐승의 임자에게 돈을 줄 것이요 죽은 것은 그가 차지할 것이니라

누가복음 24장 | 예수는 율법의 완성임

24:13 그 날에 그들 중 둘이 예루살렘에서 이십오 리 되는 엠마오라 하는 마을로 가면서

24:18 그 한 사람인 글로바라 하는 자가 대답하여 이르되 당신이 예루살렘에 체류하면서도 요즘 거기서 된 일을 혼자만 알지 못하느냐

24:19 이르시되 무슨 일이냐 이르되 나사렛 예수의 일이니 그는 하나님과 모든 백성 앞에서 말과 일에 능하신 선지자이거늘

24:32 그들이 서로 말하되 길에서 우리에게 말씀하시고 우리에게 성경을 풀어 주실 때에 우리 속에서 마음이 뜨겁지 아니하더냐 하고

24:36 이 말을 할 때에 예수께서 친히 그들 가운데 서서 이르시되 너희에게 평강이 있을지어다 하시니

24:39 내 손과 발을 보고 나인 줄 알라 또 나를 만져 보라 영은 살과 뼈가 없으되 너희 보는 바와 같이 나는 있느니라

오늘의 찬양

찬송가 500장 | 물 위에 생명줄 던지어라

맥체인성경365
417p

말씀 연결 지혜와 헌금의 법 (욥 39, 고후 9)

욥기 39장 | 하나님의 지혜에서 나오는 법

39:1 산 염소가 새끼 치는 때를 네가 아느냐 암사슴이 새끼 낳는 것을 네가 본 적
이 있느냐

39:9 들소가 어찌 기꺼이 너를 위하여 일하겠으며 네 외양간에 머물겠느냐

39:16 그 새끼에게 모질게 대함이 제 새끼가 아닌 것처럼 하며 그 고생한 것이
헛되게 될지라도 두려워하지 아니하나니

39:19 말의 힘을 네가 주었느냐 그 목에 흩날리는 갈기를 네가 입혔느냐

39:22 두려움을 모르고 겁내지 아니하며 칼을 대할지라도 물러나지 아니하니

39:26 매가 떠올라서 날개를 펼쳐 남쪽으로 향하는 것이 어찌 네 지혜로 말미암
음이냐

고린도후서 9장 | 헌금에 대한 법

9:7 각각 그 마음에 정한 대로 할 것이요 인색함으로나 억지로 하지 말지니 하나님
은 즐겨 내는 자를 사랑하시느니라

9:8 하나님이 능히 모든 은혜를 너희에게 넘치게 하시나니 이는 너희로 모든 일에
항상 모든 것이 넉넉하여 모든 착한 일을 넘치게 하게 하려 하심이라

9:12 이 봉사의 직무가 성도들의 부족한 것을 보충할 뿐 아니라 사람들이 하나님
께 드리는 많은 감사로 말미암아 넘쳤느니라

9:15 말할 수 없는 그의 은사로 말미암아 하나님께 감사하노라

더 깊은 묵상

하나님은 이스라엘 백성들이 하나님의 백성으로 살아가면서 지켜야 할 율법들을 주셨습니다. 율법은 그 율법을 지키지 않았을 때 벌하시기 위해서가 아니라, 무엇이 옳고 그른 것인지 알지 못하는 사람들에게 하나님의 공의를 알게 하고 하나님의 백성으로 살아갈 때의 기준을 보여 주신 것입니다. 율법을 주신 하나님의 뜻을 이해하지 못하면 결국, 예수님 당시의 율법학자들이나 바리새인들처럼 율법에 얽매인 자들이 되고, 하나님의 백성을 자유케 하려던 율법이 오히려 억압하는 올무가 되고 맙니다.

십자가에서 돌아가신 예수님은 단 한 번의 죽으심과 그 피로 옛 시대의 율법을 폐하셨습니다. 그 상징이 바로 예수님이 돌아가실 때 성소와 지성소를 가리고 있던 휘막이 찢어진 것입니다. 이전에는 대제사장만 하나님이 허락하신 때에 지성소에 들어갈 수 있었지만, 이후에는 예수님을 믿는 누구나 제사장이 되어 하나님을 만날 수 있게 되었습니다. 이전에는 수많은 율법이 우리를 얽매었지만, 이후에는 사랑의 율법 외에는 모든 율법을 폐하셨습니다. 우리는 이 모든 일의 증인입니다(눅 24:48).

사랑은 모든 일을 자발적으로 할 수 있게 하는 힘을 줍니다. 사랑하는 사람을 위해서는 어떤 것을 주어도 아깝지 않습니다. 부모가 자식에게, 사랑하는 연인이나 가족에게 무언가를 줄 때 아깝지 않은 것은 율법 때문에 주는 것이 아니라 사랑으로 주는 것인 까닭입니다. 사랑이 없을 때 아까워지고, 준 만큼 받으려는 욕심이 생기는 것입니다. 예수님은 우리를 위해 당신의 목숨까지도 아끼지 않고 주셨습니다.

말씀묵상

법이 필요한 이유는 기준입니다. 기준이 없으면 정의가 무너집니다. 하나님은 생명의 법을 주셨습니다. 성도는 하나님이 주신 법 안에서 행해야 합니다. 무엇보다 생명을 주는 성령의 법을 따라야 합니다.

말씀적용 오늘의 감사

말씀적용

오늘의 감사

믿음으로 감사

소망으로 감사

사랑으로 감사

말씀암송

고후 9:15 말할 수 없는 그의 ☐☐로 말미암아 하나님께 ☐☐하노라

말씀기도

❶ 하나님이 말씀하신 말씀대로 살게 도와주소서.
❷ 성경의 말씀과 지혜로서 주님을 의지하며 살아가게 하소서.
❸ 예수님을 닮아가는 삶을 살게 하소서.

말씀배경 지식

눈은 눈으로, 이는 이로, (출 21:24)
흔히 동해보복법이라고 불린다. 이 법의 정신은 복수에 있는 것이 아니라 다른 이의 생명을 중시하고 나아가 범죄 이상의 가혹한 형벌을 방지하여 인권 침해를 막는 데 있었다. 하지만 예수님은 복수를 금하고 원수를 사랑하라 하심으로써 용서와 사랑의 법으로 승화시키셨다.

70 일차 / 365

3월 11일

말씀

출애굽기 22장 | 요한복음 1장 | 욥기 40장 | 고린도후서 10장

말씀 연결 말씀과 예수 (출 22, 요 1)

출애굽기 22장 | 배상에 관한 말씀들

22:2 도둑이 뚫고 들어오는 것을 보고 그를 쳐죽이면 피 흘린 죄가 없으나

22:3 해 돋은 후에는 피 흘린 죄가 있으리라 도둑은 반드시 배상할 것이나 배상할 것이 없으면 그 몸을 팔아 그 도둑질한 것을 배상할 것이요

22:9 어떤 잃은 물건 즉 소나 나귀나 양이나 의복이나 또는 다른 잃은 물건에 대하여 어떤 사람이 이르기를 이것이 그것이라 하면 양편이 재판장 앞에 나아갈 것이요 재판장이 죄 있다고 하는 자가 그 상대편에게 갑절을 배상할지니라

22:13 만일 찢겼으면 그것을 가져다가 증언할 것이요 그 찢긴 것에 대하여 배상하지 아니할지니라

22:19 짐승과 행음하는 자는 반드시 죽일지니라

22:26 네가 만일 이웃의 옷을 전당 잡거든 해가 지기 전에 그에게 돌려보내라

요한복음 1장 | 말씀이신 예수

1:1 태초에 말씀이 계시니라 이 말씀이 하나님과 함께 계셨으니 이 말씀은 곧 하나님이시니라

1:4 그 안에 생명이 있었으니 이 생명은 사람들의 빛이라

1:10 그가 세상에 계셨으며 세상은 그로 말미암아 지은 바 되었으되 세상이 그를 알지 못하였고

1:15 요한이 그에 대하여 증언하여 외쳐 이르되 내가 전에 말하기를 내 뒤에 오시는 이가 나보다 앞선 것은 나보다 먼저 계심이라 한 것이 이 사람을 가리킴이라 하니라

1:38 예수께서 돌이켜 그 따르는 것을 보시고 물어 이르시되 무엇을 구하느냐 이르되 랍비여 어디 계시오니이까 하니 (랍비는 번역하면 선생이라)

1:42 데리고 예수께로 오니 예수께서 보시고 이르시되 네가 요한의 아들 시몬이니 장차 게바라 하리라 하시니라 (게바는 번역하면 베드로라)

1:45 빌립이 나다나엘을 찾아 이르되 모세가 율법에 기록하였고 여러 선지자가 기록한 그이를 우리가 만났으니 요셉의 아들 나사렛 예수니라

오늘의 찬양

찬송가 87장 | 내 주님 입으신 그 옷은

맥체인성경365
422p

말씀 연결 말씀 (욥 40, 고후 10)

욥기 40장 | 잠잠히 들어야 할 말씀

40:6 그 때에 여호와께서 폭풍우 가운데에서 욥에게 일러 말씀하시되

40:13 그들을 함께 진토에 묻고 그들의 얼굴을 싸서 은밀한 곳에 둘지니라

40:15 이제 소 같이 풀을 먹는 베헤못을 볼지어다 내가 너를 지은 것 같이 그것
도 지었느니라

고린도후서 10장 | 간직할 말씀

10:1 너희를 대면하면 유순하고 떠나 있으면 너희에 대하여 담대한 나 바울은 이
제 그리스도의 온유와 관용으로 친히 너희를 권하고

10:4 우리의 싸우는 무기는 육신에 속한 것이 아니요 오직 어떤 견고한 진도 무너
뜨리는 하나님의 능력이라 모든 이론을 무너뜨리며

10:8 주께서 주신 권세는 너희를 무너뜨리려고 하신 것이 아니요 세우려고 하신
것이니 내가 이에 대하여 지나치게 자랑하여도 부끄럽지 아니하리라

10:13 그러나 우리는 분수 이상의 자랑을 하지 않고 오직 하나님이 우리에게 나누
어 주신 그 범위의 한계를 따라 하노니 곧 너희에게까지 이른 것이라

더 깊은 묵상

이창동 감독의 영화 <밀양>을 보면 죄를 저지르고도 "하나님이 용서하셨다"고 스스로 용서하는 '셀프 회개'의 모습이 나옵니다. "피해자인 내가 용서하지 않았는데 하나님이 용서하셨다는 것은 인정할 수 없다"는 여자 주인공의 모습은, 값싼 구원과 셀프 회개가 남발하는 한국 교회를 향한 하나님의 경고라는 생각을 하게 됩니다.

출애굽기에서 하나님은 남의 소나 양을 도둑질하거나, 남의 밭이나 포도원을 상하게 했다면 내가 가진 가장 좋은 것으로 갑절을 배상하라고 말씀하십니다. 명심하십시오. 피해자에게 용서를 구하지 않는 회개는 하나님이 용서하시는 회개가 아닙니다. 용서를 구해야 할 일이 있다면 반드시 피해자에게 직접 가서 먼저 용서를 구해야 합니다. 하나님께 나아와 회개하는 것은 그 다음의 일입니다.

세례 요한은 예수님을 "보라 세상 죄를 지고 가는 하나님의 어린 양이로다"(요 1:29)라고 이야기했습니다. 예수님께서 우리의 죄를 대신 지고 구원하시기 위해 이 땅에 오셨습니다. 그래서 우리는 매 순간 주님 앞에 나아가 주님의 은혜가 아니고서는 구원받을 수 없는 근본 죄인임을 인정하고, 순간마다 지은 죄를 하나님께 자복하고 용서를 구해야 합니다. 그러나 그 전에 반드시 해야 할 것은 우리가 죄를 지은 당사자에게 먼저 용서를 구하는 일입니다.

교통사고를 내놓고 피해 차량이나 피해자에 대한 배상 없이 하나님께 나아와 셀프 회개하고, "나는 하나님께 용서 받았으니 피해보상 같은 것 안 해도 된다"라고 말한다면, 그것은 진정한 회개가 아닙니다.

말씀묵상

하늘에서는 해가 최고이듯 이 땅에서는 하나님의 말씀이 최고입니다. 하나님의 말씀을 따라 살아가는 성도는 길을 잃지 않습니다. 두려움이 없습니다. 승리와 축복의 삶을 살아갑니다.

말씀적용 오늘의 감사

말씀적용

오늘의 감사

믿음으로 감사

소망으로 감사

사랑으로 감사

말씀암송

고후 10:8 주께서 주신 [ ][ ]는 너희를 무너뜨리려고 하신 것이 아니요 세우려고 하신 것이니 내가 이에 대하여 지나치게 [ ][ ]하여도 부끄럽지 아니하리라

말씀기도

❶ 주님의 구원을 값싼 구원처럼 여기지 않게 하소서.
❷ 주변의 어려운 이들에게 도움의 손길을 내밀게 하소서.
❸ 하나님께서 주신 말씀을 간직하고 그 말씀에 순종하며 행하는 삶이 되게 하소서.

말씀배경 지식

예수의 공생애 중 첫 이적이라고 할 수 있는 가나의 혼인 잔치 이적이 소개된다. 그리고 유월절을 지키기 위해 성전에 올라갔다가 성전을 정화한 사건이 소개되고 있다. 이는 모두 예수의 메시야적 권능과 권세를 공개적으로 드러낸 사간들이다.

71 일차/365

말씀 (2)

3월 12일

출애굽기 23장 | 요한복음 2장 | 욥기 41장 | 고린도후서 11장

말씀 연결 말씀과 예수 (출 23, 요 2)

출애굽기 23장 | 여호와를 섬김

23:11 일곱째 해에는 갈지 말고 묵혀두어서 네 백성의 가난한 자들이 먹게 하라 그 남은 것은 들짐승이 먹으리라 네 포도원과 감람원도 그리할지니라

23:14 너는 매년 세 번 내게 절기를 지킬지니라

23:16 맥추절을 지키라 이는 네가 수고하여 밭에 뿌린 것의 첫 열매를 거둠이니라 수장절을 지키라 이는 네가 수고하여 이룬 것을 연말에 밭에서부터 거두어 저장함이니라

23:19 네 토지에서 처음 거둔 열매의 가장 좋은 것을 가져다가 너의 하나님 여호와의 전에 드릴지니라 너는 염소 새끼를 그 어미의 젖으로 삶지 말지니라

23:20 내가 사자를 네 앞서 보내어 길에서 너를 보호하여 너를 내가 예비한 곳에 이르게 하리니

23:23 내 사자가 네 앞서 가서 너를 아모리 사람과 헷 사람과 브리스 사람과 가나안 사람과 히위 사람과 여부스 사람에게로 인도하고 나는 그들을 끊으리니

23:26 네 나라에 낙태하는 자가 없고 임신하지 못하는 자가 없을 것이라 내가 너의 날 수를 채우리라

23:27 내가 내 위엄을 네 앞서 보내어 네가 이를 곳의 모든 백성을 물리치고 네 모든 원수들이 네게 등을 돌려 도망하게 할 것이며

요한복음 2장 | 언제 믿어야 하는가

2:1 사흘째 되던 날 갈릴리 가나에 혼례가 있어 예수의 어머니도 거기 계시고

2:4 예수께서 이르시되 여자여 나와 무슨 상관이 있나이까 내 때가 아직 이르지 아니하였나이다

2:11 예수께서 이 첫 표적을 갈릴리 가나에서 행하여 그의 영광을 나타내시매 제자들이 그를 믿으니라

2:14 성전 안에서 소와 양과 비둘기 파는 사람들과 돈 바꾸는 사람들이 앉아 있는 것을 보시고

2:20 유대인들이 이르되 이 성전은 사십육 년 동안에 지었거늘 네가 삼 일 동안에 일으키겠느냐 하더라

오늘의 찬양
찬송가 588장 | 공중 나는 새를 보라

맥체인성경365
428p

말씀 연결 하나님과 사탄 (욥 41, 고후 11)

욥기 41장 | 하나님께 드림

41:10 아무도 그것을 격동시킬 만큼 담대하지 못하거든 누가 내게 감히 대항할 수 있겠느냐

4:15 그의 즐비한 비늘은 그의 자랑이로다 튼튼하게 봉인하듯이 닫혀 있구나

41:31 깊은 물을 솥의 물이 끓음 같게 하며 바다를 기름병 같이 다루는도다

고린도후서 11장 | 광명한 천사로 가장한 사탄

11:4 만일 누가 가서 우리가 전파하지 아니한 다른 예수를 전파하거나 혹은 너희가 받지 아니한 다른 영을 받게 하거나 혹은 너희가 받지 아니한 다른 복음을 받게 할 때에는 너희가 잘 용납하는구나

11:8 내가 너희를 섬기기 위하여 다른 여러 교회에서 비용을 받은 것은 탈취한 것이라

11:15 그러므로 사탄의 일꾼들도 자기를 의의 일꾼으로 가장하는 것이 또한 대단한 일이 아니니라 그들의 마지막은 그 행위대로 되리라

11:17 내가 말하는 것은 주를 따라 하는 말이 아니요 오직 어리석은 자와 같이 기탄 없이 자랑하노라

11:26 여러 번 여행하면서 강의 위험과 강도의 위험과 동족의 위험과 이방인의 위험과 시내의 위험과 광야의 위험과 바다의 위험과 거짓 형제 중의 위험을 당하고

더 깊은 묵상

출애굽기에서 하나님께서는 무교절, 맥추절, 수장절 등의 절기를 지키라는 말씀에 앞서 다수를 따라 악을 행하지 말며, 부당한 증언을 하지 말며, 가난한 자의 송사라고 정의를 굽게 하지 말며, 나그네를 압제하지 말라고 먼저 말씀하십니다. 이것은 하나님께 제사 드리는 것보다 하나님의 공의를 실천하는 것이 더 중요하고 우선이라는 말씀입니다. 하나님이 원하시는 것은 제사나 예배가 아니라 하나님 나라의 정의와 평화입니다.

유월절을 맞아 예루살렘으로 올라가신 예수님은 성전에서 장사하는 사람들을 내쫓으십니다. 어쩌면 하나님께 제사 드리기 위한 제물을 파는 것이나, 세계 각지에서 온 사람들에게 성전에 바칠 돈을 환전해주는 것이 당연한 일이라고 볼 수 있을지 모릅니다. 그러나 예수님은 성전에서 제사하는 것을 핑계로 이권을 챙기는 부패한 권력과 거기에 기생하는 장사치들을 모두 내쫓으셨습니다.

하나님의 이름을 더럽히는 거짓 목자들에 대해 사도 바울은 "광명의 천사로 가장하나니"(고후 11:14), "사탄의 일꾼들도 자기를 의의 일꾼으로 가장하는 것이 또한 대단한 일이 아니니라"(고후 11:15)라고 말씀하고 있습니다. 그들의 마지막은 그 행위대로 될 것입니다. 사람은 속일 수 있어도 하나님은 속일 수 없기 때문입니다. 욥과 같이 의로운 사람은 하나님이 억울함을 풀어주시고 간절한 기도에 응답하시지만, 광명의 천사를 가장한 사탄의 일꾼들에게는 하나님의 심판이 준비되어 있습니다. 하나님은 반드시 그 행한 대로 갚아주신다고 말씀으로 경고하고 있습니다.

말씀묵상

믿음은 우리에게 도전을 줍니다. 그 도전은 즉각성을 요구합니다. 즉각적으로 믿을 때 하나님의 큰 일을 보게 됩니다. 표적을 보고 믿을 때는 이미 늦습니다.

말씀적용 오늘의 감사

말씀적용

오늘의 감사

믿음으로 감사

소망으로 감사

사랑으로 감사

말씀배경 지식

예수의 공생애 중 첫 이적이라고 할 수 있는 가나 혼인 잔치의 이적이 소개된다. 그리고 유월절을 지키기 위해 성전에 올라갔다가 성전을 정화한 사건이 소개되고 있다. 이는 모두 예수의 메시야적 권능과 권세를 공개적으로 드러낸 사간들이다.

말씀암송

고후 11:17 내가 말하는 것은 [ ]를 따라 하는 말이 아니요 오직 어리석은 자와 같이 기탄 없이 [ ][ ]하노라

말씀기도

❶ 하나님을 두려워하는 마음으로 약자의 편에서 정의를 실천할 수 있도록 용기를 주소서.
❷ 한국 교회가 하나님의 공의와 평화를 실천하는 촛불이 되게 하소서.
❸ 힘들어 쓰러질 때 일으켜 주시고 주의 권능으로 함께하여 주소서.

72 일차 / 365

3월 13일

영생

출애굽기 24장 | 요한복음 3장 | 욥기 42장 | 고린도후서 12장

말씀 연결 언약과 영생 (출 24, 요 3)

출애굽기 24장 | 언약서를 주심

24:3 모세가 와서 여호와의 모든 말씀과 그의 모든 율례를 백성에게 전하매 그들이 한 소리로 응답하여 이르되 여호와께서 말씀하신 모든 것을 우리가 준행하리이다

24:7 언약서를 가져다가 백성에게 낭독하여 듣게 하니 그들이 이르되 여호와의 모든 말씀을 우리가 준행하리이다

24:8 모세가 그 피를 가지고 백성에게 뿌리며 이르되 이는 여호와께서 이 모든 말씀에 대하여 너희와 세우신 언약의 피니라

24:11 하나님이 이스라엘 자손들의 존귀한 자들에게 손을 대지 아니하셨고 그들은 하나님을 뵙고 먹고 마셨더라

요한복음 3장 | 믿는 자에게 주어지는 영생

3:1 그런데 바리새인 중에 니고데모라 하는 사람이 있으니 유대인의 지도자라

3:3 예수께서 대답하여 이르시되 진실로 진실로 네게 이르노니 사람이 거듭나지 아니하면 하나님의 나라를 볼 수 없느니라

3:5 예수께서 대답하시되 진실로 진실로 네게 이르노니 사람이 물과 성령으로 나지 아니하면 하나님의 나라에 들어갈 수 없느니라

3:11 진실로 진실로 네게 이르노니 우리는 아는 것을 말하고 본 것을 증언하노라 그러나 너희가 우리의 증언을 받지 아니하는도다

3:17 하나님이 그 아들을 세상에 보내신 것은 세상을 심판하려 하심이 아니요 그로 말미암아 세상이 구원을 받게 하려 하심이라

3:20 악을 행하는 자마다 빛을 미워하여 빛으로 오지 아니하나니 이는 그 행위가 드러날까 함이요

3:21 진리를 따르는 자는 빛으로 오나니 이는 그 행위가 하나님 안에서 행한 것임을 나타내려 함이라 하시니라

3:29 신부를 취하는 자는 신랑이나 서서 신랑의 음성을 듣는 친구가 크게 기뻐하나니 나는 이러한 기쁨으로 충만하였노라

오늘의 찬양

찬송가 74장 | 오 만세 반석이신

맥체인성경365
433p

말씀 연결 받으심과 머무름 (욥 42, 고후 12)

욥기 42장 | 하나님께서 받으심

42:3 무지한 말로 이치를 가리는 자가 누구니이까 나는 깨닫지도 못한 일을 말
하였고 스스로 알 수도 없고 헤아리기도 어려운 일을 말하였나이다

42:5 내가 주께 대하여 귀로 듣기만 하였사오나 이제는 눈으로 주를 뵈옵나이다

42:7 여호와께서 욥에게 이 말씀을 하신 후에 여호와께서 데만 사람 엘리바스에
게 이르시되 내가 너와 네 두 친구에게 노하나니 이는 너희가 나를 가리켜 말한
것이 내 종 욥의 말 같이 옳지 못함이니라

42:8 그런즉 너희는 수소 일곱과 숫양 일곱을 가지고 내 종 욥에게 가서 너희를
위하여 번제를 드리라 내 종 욥이 너희를 위하여 기도할 것인즉 내가 그를 기쁘
게 받으리니 너희가 우매한 만큼 너희에게 갚지 아니하리라 이는 너희가 나를 가
리켜 말한 것이 내 종 욥의 말 같이 옳지 못함이라

42:13 또 아들 일곱과 딸 셋을 두었으며

고린도후서 12장 | 그리스도의 능력이 머무름

12:1 무익하나마 내가 부득불 자랑하노니 주의 환상과 계시를 말하리라

12:7 여러 계시를 받은 것이 지극히 크므로 너무 자만하지 않게 하시려고 내 육체
에 가시 곧 사탄의 사자를 주셨으니 이는 나를 쳐서 너무 자만하지 않게 하려 하심
이라

12:8 이것이 내게서 떠나가게 하기 위하여 내가 세 번 주께 간구하였더니

12:10 그러므로 내가 그리스도를 위하여 약한 것들과 능욕과 궁핍과 박해와 곤고
를 기뻐하노니 이는 내가 약한 그 때에 강함이라

더 깊은 묵상

우리가 강해질 때는 하나님과 함께할 때입니다. 그리고 우리가 약해질 때 그때가 곧 강해질 때입니다. 우리의 지혜나 힘을 의지하지 않고 강하신 하나님의 능력을 의지할 때 우리는 강해집니다.

하나님은 하나님과 그 백성 사이에 번제와 화목제로 드린 피로 언약을 세우셨습니다. 그러고 나서 하나님은 모세와 아론과 나답과 아비후와 이스라엘 장로 칠십 인을 불러 만나주셨습니다.

예수님께서 "하나님이 세상을 이처럼 사랑하사 독생자를 주셨으니 이는 그를 믿는 자마다 멸망하지 않고 영생을 얻게 하려 하심이라"(요 3:16)라고 말씀하셨습니다. 더 이상 속죄양의 피가 필요하지 않고 예수 그리스도의 피로 단번에 우리의 죄를 사하시고 멸망에서 영생으로 옮겨주셨습니다. 그래서 예수님은 "악을 행하는 자마다 빛을 미워하여 빛으로 오지 아니하나니 이는 그 행위가 드러날까 함이요 진리를 따르는 자는 빛으로 오나니 이는 그 행위가 하나님 안에서 행한 것임을 나타내려 함이라 하시니라"(요 3:20-21)라고 하셨습니다.

하나님을 사랑하는 자녀들이라면 악을 미워하고 진리를 따릅니다. 어둠을 미워하고 빛을 사랑하여 빛으로 나옵니다. 그 이유는 하나님 안에서 행한 것임을 드러내기 위해서입니다. 우리가 하나님의 자녀라면 우리의 행위, 우리의 삶에서 그리스도의 향기가 드러나고, 빛과 소금의 삶을 살아갑니다. 하나님보다 어둠을 더 사랑하는 사람들은 자신들의 이익과 탐욕을 위해 빛을 미워하고 어둠을 더 사랑하여 악을 행합니다.

욥이 하나님 앞에 회개했습니다. 그러자 하나님께서 자녀들과 셀 수 없는 가축들과 이 땅에서 장수하는 복을 주셨습니다. 이것이 하나님과 동행하였던 욥에게 주신 축복이었습니다. 모세와 칠십인의 장로들처럼, 예수님과 동행하였던 제자들처럼, 끝까지 하나님 앞에 의를 지켰던 욥처럼, 우리도 하나님과 동행하는 삶을 살아야 하겠습니다.

말씀묵상

믿음의 성도들에겐 영원한 생명이 선물로 주어졌습니다. 세상 어떤 것보다 귀한 영생을 소유한 성도로서 이 땅에서의 유한한 기쁨에 만족하지 않고 영원한 천국의 기쁨을 바라보아야 합니다.

말씀적용 오늘의 감사

말씀적용

오늘의 감사

믿음으로 감사

소망으로 감사

사랑으로 감사

말씀암송

출 24:8 모세가 그 [ ]를 가지고 백성에게 뿌리며 이르되 이는 여호와께서 이 모든 [ ][ ]에 대하여 너희와 세우신 [ ][ ]의 [ ]니라

말씀기도

❶ 약속의 말씀과 예수 그리스도를 통해 주시는 영생을 누리는 삶을 살게 하소서.
❷ 죄에 대해서는 죽고 의에 대해서는 살게 하소서.
❸ 주님과 동행하는 삶으로 온전하고 강해지도록 도와주소서.

말씀배경 지식

셋째 하늘
(고후 12:2)
가장 높은 하늘을 뜻한다. 유대 문학에서는 7층 하늘과 3층 하늘이 자주 언급된다. 하지만 이런 것은 문학적인 표현이고, 바울이 본 3층천은 7층천의 세 째 층이 아니라 '가장 높고 가장 완전하다'라는 의미에서 완전수 '3'으로 표현된 하늘을 가리킨다.

축복의 원리

축복의 원리는 지극히 간단하다. 만복(萬福)의 근원이신 하나님은 우리 모두가 축복사역(Blessing ministry)을 통해 하나님이 주시는 복의 통로가 되기를 원하신다. 하나님은 우리가 하는 축복을 통해 복을 주시기를 기뻐하신다.

1. 스킨십 : 의미 있는 만짐 혹은 접촉과 껴안아주기(포옹)
성경에 나타난 스킨십의 사례를 살펴보고 목회현장에서 어떻게 조화시켜나가야 할 것인가. 축복사역의 실행으로서 의례와 예전을 가정과 목회현장에 어떻게 접목시킬 것인가.

2. 칭찬과 격려 : 축복하는 말 혹은 메시지
하나님의 권세 대행자인 혀를 통해 높은 가치감을 창조하는 축복의 말을 해야 한다. 성경과 일상생활에서의 실례를 살펴보고, 목회현장에서의 축복사역에 도입해보자.

3. 칭송과 찬사 : 높은 가치를 부여함
가치를 인정받는 사람은 가치 있게 행동하지만 그렇지 못한 사람은 가치 없게 행동한다는 것을 염두에 두고, 높은 가치를 부여하는 칭송과 찬사를 아낌없이 함으로 복의 통로가 되자.

4. 비전의 제공 : 특별한 미래를 그려 줌

믿는 자들에게 비전(Vision)을 제공하는 것, 즉 특별한 미래를 그려주는 것이 반드시 필요하다. 특히 청소년들에게 그러하다. 가정과 목회현장에 비전을 통한 축복사역에 힘쓰자.

73 일차/365

3월 14일

예배

출애굽기 25장 | 요한복음 4장 | 잠언 1장 | 고린도후서 13장

말씀 연결 하나님과 예배함 (출 25, 요 4)

출애굽기 25장 | 하나님을 만남

25:6 등유와 관유에 드는 향료와 분향할 향을 만들 향품과

25:21 속죄소를 궤 위에 얹고 내가 네게 줄 증거판을 궤 속에 넣으라

25:23 너는 조각목으로 상을 만들되 길이는 두 규빗, 너비는 한 규빗, 높이는 한 규빗 반이 되게 하고

25:25 그 주위에 손바닥 넓이만한 턱을 만들고 그 턱 주위에 금으로 테를 만들고

25:30 상 위에 진설병을 두어 항상 내 앞에 있게 할지니라

25:31 너는 순금으로 등잔대를 쳐 만들되 그 밑판과 줄기와 잔과 꽃받침과 꽃을 한 덩이로 연결하고

25:35 등잔대에서 나온 가지 여섯을 위하여 꽃받침이 있게 하되 두 가지 아래에 한 꽃받침이 있어 줄기와 연결하며 또 두 가지 아래에 한 꽃받침이 있어 줄기와 연결하며 또 두 가지 아래에 한 꽃받침이 있어 줄기와 연결하게 하고

요한복음 4장 | 영과 진리로 예배함

4:20 우리 조상들은 이 산에서 예배하였는데 당신들의 말은 예배할 곳이 예루살렘에 있다 하더이다

4:24 하나님은 영이시니 예배하는 자가 영과 진리로 예배할지니라

4:29 내가 행한 모든 일을 내게 말한 사람을 와서 보라 이는 그리스도가 아니냐 하니

4:34 예수께서 이르시되 나의 양식은 나를 보내신 이의 뜻을 행하며 그의 일을 온전히 이루는 이것이니라

4:38 내가 너희로 노력하지 아니한 것을 거두러 보내었노니 다른 사람들은 노력하였고 너희는 그들이 노력한 것에 참여하였느니라

4:42 그 여자에게 말하되 이제 우리가 믿는 것은 네 말로 인함이 아니니 이는 우리가 친히 듣고 그가 참으로 세상의 구주신 줄 앎이라 하였더라

4:45 갈릴리에 이르시매 갈릴리인들이 그를 영접하니 이는 자기들도 명절에 갔다가 예수께서 명절중 예루살렘에서 하신 모든 일을 보았음이더라

오늘의 찬양
찬송가 211장 | 값비싼 향유를 주께 드린

맥체인성경365
438p

말씀 연결 여호와와 예수 그리스도 (잠 1, 고후 13)

잠언 1장 | 여호와를 경외함

1:1 다윗의 아들 이스라엘 왕 솔로몬의 잠언이라

1:7 여호와를 경외하는 것이 지식의 근본이거늘 미련한 자는 지혜와 훈계를 멸시하느니라

1:8 내 아들아 네 아비의 훈계를 들으며 네 어미의 법을 떠나지 말라

1:10 내 아들아 악한 자가 너를 꾈지라도 따르지 말라

1:12 스올 같이 그들을 산 채로 삼키며 무덤에 내려가는 자들 같이 통으로 삼키자

1:20 지혜가 길거리에서 부르며 광장에서 소리를 높이며

1:21 시끄러운 길목에서 소리를 지르며 성문 어귀와 성중에서 그 소리를 발하여 이르되

1:27 너희의 두려움이 광풍 같이 임하겠고 너희의 재앙이 폭풍 같이 이르겠고 너희에게 근심과 슬픔이 임하리니

고린도후서 13장 | 우리 안에 계신 예수 그리스도

13:2 내가 이미 말하였거니와 지금 떠나 있으나 두 번째 대면하였을 때와 같이 전에 죄 지은 자들과 그 남은 모든 사람에게 미리 말하노니 내가 다시 가면 용서하지 아니하리라

13:5 너희는 믿음 안에 있는가 너희 자신을 시험하고 너희 자신을 확증하라 예수 그리스도께서 너희 안에 계신 줄을 너희가 스스로 알지 못하느냐 그렇지 않으면 너희는 버림 받은 자니라

13:9 우리가 약할 때에 너희가 강한 것을 기뻐하고 또 이것을 위하여 구하니 곧 너희가 온전하게 되는 것이라

13:11 마지막으로 말하노니 형제들아 기뻐하라 온전하게 되며 위로를 받으며 마음을 같이하며 평안할지어다 또 사랑과 평강의 하나님이 너희와 함께 계시리라 거룩하게 입맞춤으로 서로 문안하라

13:13 주 예수 그리스도의 은혜와 하나님의 사랑과 성령의 교통하심이 너희 무리와 함께 있을지어다

더 깊은 묵상

출애굽기 25장부터는 하나님께서 이스라엘 백성들에게 성막을 위한 구체적인 준비에 대해 말씀해주고 있습니다. 성막이 중요한 것은 그곳이 하나님이 임재하시는 곳이기 때문입니다. 그래서 출애굽기에서는 여러 장에 걸쳐 성막을 위한 세세한 하나님의 말씀들을 기록하고 있습니다. 하나님의 임재의 상징인 이 성막은 훗날 다윗 왕과 솔로몬 왕에 의해 성전 건축으로 이어졌고, 바벨론 포로기 이후에도 이스라엘 민족의 구원과 회복의 상징으로 제2의 성전 건축이 느헤미야와 에스라 등에 의해 이루어졌습니다.

그러나 예수님이 이 땅에 오셔서 돌 위에 돌 하나도 남음 없이 무너질 것이라고 예언하셨고, 그 예언은 실제로 이루어졌습니다. 그러면서 예수님께서는 하나님의 성전은 돌로 지은 건물이 아니라 하나님의 말씀과 성령이 임재하시는 우리들의 몸이 곧 하나님의 성전이라고 말씀하셨습니다.

예수님은 "아버지께 참되게 예배하는 자들은 영과 진리로 예배할 때가 오나니 곧 이 때라 아버지께서는 자기에게 이렇게 예배하는 자들을 찾으시느니라"(요 4:23)라고 말씀하셨습니다. 그러면서 '하나님은 영이시니 예배하는 자가 영과 진리로 예배할지니라'라고 하셨습니다. 기독교와 한 뿌리에서 시작된 유대교나 이슬람교가 기독교와 다른 점이 바로 이 부분입니다. 유대교는 아직도 예루살렘을 성지로 여기며 다윗 궁전 성벽의 일부를 '통곡의 벽'이라 부르고 그 앞에서 기도합니다. 이슬람교인들은 죽기 전에 성지인 메카를 순례하는 것이 종교적 의무이기도 합니다. 그러나 기독교는 지리적 성지에 얽매이지 않습니다. 하나님의 영이 머무는 그곳이 바로 성전이며 우리가 영과 진리로 예배드리는 바로 그곳이 하나님께서 임재 하시는 곳이기 때문입니다.

오늘부터 새롭게 묵상을 시작하는 잠언에서도 이렇게 말씀합니다. "여호와를 경외하는 것이 지식의 근본이거늘"(잠 1:7)이라고 말입니다. 우리에게 중요한 것은 눈에 보이는 성전이 아니라 여호와를 경외하며 영과 진리로 예배드리는 것입니다.

말씀묵상

영과 진리로 드리는 예배에는 하나님과의 만남이 있습니다. 거룩한 하나님의 신부로서 신랑되신 하나님과 결혼예식을 드리는 예배에서 신랑을 확인함은 기쁨이며 축복입니다.

말씀적용 오늘의 감사

말씀적용

오늘의 감사

믿음으로 감사

소망으로 감사

사랑으로 감사

말씀암송

요 4:24 하나님은 [ ] 이시니 예배하는 자가 [ ] 과 [ ] 로 예배할지니라

말씀기도

❶ 제 안에 주의 성령이 거하시기에 부끄럽지 않은 삶을 살게 하소서.
❷ 하나님을 신령과 진정으로 온전히 예배하게 하소서.
❸ 주님이 주신 사명을 감당하며 하나님을 경외하는 삶을 살아가게 하소서.

말씀배경 지식

구주 (요 4:42)
헬라어 '소테르'라는 단어는 '구원하다'는 말의 '소조'에서 온 말로서 '구원하는 자'라는 뜻이다. 이 말은 아버지이신 하나님께 사용되기도 했지만, 성자이신 예수 그리스도에게 사용되었다. 예수는 그 백성을 죄에서 구하시고 하나님의 진노와 죄의 권세에서 구원하시며 하나님과 사귀는 복된 구원으로 인도하시는 분이시다.

74 일차/365 3월 15일

연결됨

출애굽기 26장 | 요한복음 5장 | 잠언 2장 | 갈라디아서 1장

말씀 연결 연결 (출 26, 요 5)

출애굽기 26장 | 성막의 연결

26:4 그 휘장을 이을 끝폭 가에 청색 고를 만들며 이어질 다른 끝폭 가에도 그와 같이 하고

26:7 그 성막을 덮는 막 곧 휘장을 염소털로 만들되 열한 폭을 만들지며

26:14 붉은 물 들인 숫양의 가죽으로 막의 덮개를 만들고 해달의 가죽으로 그 웃덮개를 만들지니라

26:26 너는 조각목으로 띠를 만들지니 성막 이쪽 널판을 위하여 다섯 개요

26:28 널판 가운데에 있는 중간 띠는 이 끝에서 저 끝에 미치게 하고

26:35 그 휘장 바깥 북쪽에 상을 놓고 남쪽에 등잔대를 놓아 상과 마주하게 할지며

요한복음 5장 | 성부와 성자의 연결

5:2 예루살렘에 있는 양문 곁에 히브리 말로 베데스다라 하는 못이 있는데 거기 행각 다섯이 있고

5:16 그러므로 안식일에 이러한 일을 행하신다 하여 유대인들이 예수를 박해하게 된지라

5:18 유대인들이 이로 말미암아 더욱 예수를 죽이고자 하니 이는 안식일을 범할 뿐만 아니라 하나님을 자기의 친 아버지라 하여 자기를 하나님과 동등으로 삼으심이러라

5:27 또 인자됨으로 말미암아 심판하는 권한을 주셨느니라

5:29 선한 일을 행한 자는 생명의 부활로, 악한 일을 행한 자는 심판의 부활로 나오리라

5:35 요한은 켜서 비추이는 등불이라 너희가 한때 그 빛에 즐거이 있기를 원하였거니와

5:45 내가 너희를 아버지께 고발할까 생각하지 말라 너희를 고발하는 이가 있으니 곧 너희가 바라는 자 모세니라

오늘의 찬양

찬송가 210장 | 시온성과 같은 교회

맥체인성경365
444p

말씀 연결 지혜와 영광 (잠 2, 갈 1)

잠언 2장 | 하나님의 지혜와 우리의 행위

2:2 네 귀를 지혜에 기울이며 네 마음을 명철에 두며

2:5 여호와 경외하기를 깨달으며 하나님을 알게 되리니

2:7 그는 정직한 자를 위하여 완전한 지혜를 예비하시며 행실이 온전한 자에게
방패가 되시나니

2:16 지혜가 또 너를 음녀에게서, 말로 호리는 이방 계집에게서 구원하리니

2:21 대저 정직한 자는 땅에 거하며 완전한 자는 땅에 남아 있으리라

갈라디아서 1장 | 하나님께 영광 돌림

1:2 함께 있는 모든 형제와 더불어 갈라디아 여러 교회들에게

1:14 내가 내 동족 중 여러 연갑자보다 유대교를 지나치게 믿어 내 조상의 전통에
대하여 더욱 열심이 있었으나

1:18 그 후 삼 년 만에 내가 게바를 방문하려고 예루살렘에 올라가서 그와 함께 십
오 일을 머무는 동안

1:22 그리스도 안에 있는 유대의 교회들이 나를 얼굴로는 알지 못하고

더 깊은 묵상

우리는 이 땅에 홀로 떨어진 존재가 아닙니다. 우리는 하나님과 연결된 하나님의 자녀이자 백성이며, '함께' 하나님 나라를 이루어가는 '하나님의 성전'이자 '교회'입니다. 하나님의 성전은 하나하나가 하나님의 말씀으로 지어지며, 홀로 떨어진 재료들이 아니라 하나님의 섭리와 계획안에서 유기적으로 연결되어 만들어져 가는 것을 볼 수 있습니다.

예수님은 디베랴 바다를 건너온 무리들을 불쌍히 여기시고 보리떡 다섯 개와 물고기 두 마리로 배불리 먹이시고 열두 광주리에 그 남은 것을 채우셨습니다. 예수님께서 그 많은 무리들을 남으로 여기지 아니하시고 한 식구로 연결되어 있다고 여기셨기에 그들의 굶주림을 불쌍히 여기신 것입니다. 예수님은 하나님 아버지와 연결되어 있으며 우리는 예수님과 연결되어 있음을 말씀하셨습니다. 이 땅과 하늘나라가 분리된 것이 아니라 서로 연결되어 있으며 이 땅에서 썩을 양식이 아니라 하늘나라에서 영생할 양식을 위하여 일하라고 하셨습니다.

잠언에서도 "대저 여호와는 지혜를 주시며 지식과 명철을 그 입에서 내심이며"(잠 2:6)라는 말씀으로 우리는 하나님과 연결된 존재이며 하나님께서 우리에게 지혜와 지식과 명철을 주신다고 말씀하고 있습니다.

하나님은 언제나 우리와 함께하십니다. 하나님은 우리를 홀로 내버려 두지 않으시고, 가족으로, 교회로, 공동체로 부르셨습니다. 우리는 혼자가 아닙니다. 우리는 서로 연결된 하나님의 자녀들입니다.

말씀묵상

가지가 줄기에 연결되어 있어야 열매를 맺습니다. 다리가 안전하게 연결되어 있어야 안심하고 건널 수 있습니다. 하나님의 지혜는 우리의 행위와 연결되어 있습니다.

말씀적용 오늘의 감사

말씀적용

오늘의 감사

믿음으로 감사

소망으로 감사

사랑으로 감사

말씀암송

잠 2:7 그는 정직한 자를 위하여 완전한 □□를 예비하시며 행실이 온전한 자에게 □□가 되시나니

말씀기도

❶ 하나님과 지체된 성도로서 주님의 사명을 온전히 감당하게 하소서.
❷ 주님이 주시는 지혜를 따라 하나님께 영광을 돌리는 삶을 살게 하소서.
❸ 주 앞에서 늘 정직한 말로 살아갈 수 있게 도와주소서.

말씀배경 지식

갈라디아 (갈 1:2)
갈라디아는 북쪽으로는 비두니아와 본도, 남쪽으로는 루가오니아, 동쪽으로는 갑바도기아, 서쪽으로는 아시아 주에 둘러싸인 소아시아의 한 주이다. 본래 독립 국가를 이루고 있으나 로마가 점령한 후 소아시아의 남부 지역인 루가오니아와 브루기아, 비시디아 등을 포함 시켜서 갈라디아도로 재편하였다. 이 지역에 속한 대표적 도시로는 디베, 루스드라, 이고니온 등이 있다.

75 일차 365

생명의 길

3월 16일

출애굽기 27장 | 요한복음 6장 | 잠언 3장 | 갈라디아서 2장

말씀 연결 생명의 길과 양식 (출 27, 요 6)

출애굽기 27장 | 날과 시간을 통한 생명의 길

27:1 너는 조각목으로 길이가 다섯 규빗, 너비가 다섯 규빗의 제단을 만들되 네모 반듯하게 하며 높이는 삼 규빗으로 하고

27:3 재를 담는 통과 부삽과 대야와 고기 갈고리와 불 옮기는 그릇을 만들되 제단의 그릇을 다 놋으로 만들지며

27:9 너는 성막의 뜰을 만들지니 남쪽을 향하여 뜰 남쪽에 너비가 백 규빗의 세마포 휘장을 쳐서 그 한 쪽을 당하게 할지니

27:12 뜰의 옆 곧 서쪽에 너비 쉰 규빗의 포장을 치되 그 기둥이 열이요 받침이 열이며

27:16 뜰 문을 위하여는 청색 자색 홍색 실과 가늘게 꼰 베 실로 수 놓아 짠 스무 규빗의 휘장이 있게 할지니 그 기둥이 넷이요 받침이 넷이며

요한복음 6장 | 생명의 양식이신 예수

6:7 빌립이 대답하되 각 사람으로 조금씩 받게 할지라도 이백 데나리온의 떡이 부족하리이다

6:10 예수께서 이르시되 이 사람들로 앉게 하라 하시니 그 곳에 잔디가 많은지라 사람들이 앉으니 수가 오천 명쯤 되더라

6:19 제자들이 노를 저어 십여 리쯤 가다가 예수께서 바다 위로 걸어 배에 가까이 오심을 보고 두려워하거늘

6:27 썩을 양식을 위하여 일하지 말고 영생하도록 있는 양식을 위하여 하라 이 양식은 인자가 너희에게 주리니 인자는 아버지 하나님께서 인치신 자니라

6:31 기록된 바 하늘에서 그들에게 떡을 주어 먹게 하였다 함과 같이 우리 조상들은 광야에서 만나를 먹었나이다

6:51 나는 하늘에서 내려온 살아 있는 떡이니 사람이 이 떡을 먹으면 영생하리라 내가 줄 떡은 곧 세상의 생명을 위한 내 살이니라 하시니라

6:53 예수께서 이르시되 내가 진실로 진실로 너희에게 이르노니 인자의 살을 먹지 아니하고 인자의 피를 마시지 아니하면 너희 속에 생명이 없느니라

오늘의 찬양
찬송가 446장 | 주 음성 외에는

맥체인성경365
449p

말씀 연결 마음을 다한 믿음 (잠 3, 갈 2)

잠언 3장 | 마음을 다하여 하나님을 신뢰함

3:3 인자와 진리가 네게서 떠나지 말게 하고 그것을 네 목에 매며 네 마음판에
새기라

3:24 네가 누울 때에 두려워하지 아니하겠고 네가 누운즉 네 잠이 달리로다

3:27 네 손이 선을 베풀 힘이 있거든 마땅히 받을 자에게 베풀기를 아끼지 말며

3:32 대저 패역한 자는 여호와께서 미워하시나 정직한 자에게는 그의 교통하심
이 있으며

3:33 악인의 집에는 여호와의 저주가 있거니와 의인의 집에는 복이 있느니라

3:34 진실로 그는 거만한 자를 비웃으시며 겸손한 자에게 은혜를 베푸시나니

3:35 지혜로운 자는 영광을 기업으로 받거니와 미련한 자의 영달함은 수치가 되
느니라

갈라디아서 2장 | 하나님께 영광 돌림

2:1 십사 년 후에 내가 바나바와 함께 디도를 데리고 다시 예루살렘에 올라갔나니

2:9 또 기둥 같이 여기는 야고보와 게바와 요한도 내게 주신 은혜를 알므로 나와 바
나바에게 친교의 악수를 하였으니 우리는 이방인에게로, 그들은 할례자에게로 가
게 하려 함이라

2:11 게바가 안디옥에 이르렀을 때에 책망 받을 일이 있기로 내가 그를 대면하여
책망하였노라

2:16 사람이 의롭게 되는 것은 율법의 행위로 말미암음이 아니요 오직 예수 그리
스도를 믿음으로 말미암는 줄 알므로 우리도 그리스도 예수를 믿나니 이는 우리가
율법의 행위로써가 아니고 그리스도를 믿음으로써 의롭다 함을 얻으려 함이라 율
법의 행위로써는 의롭다 함을 얻을 육체가 없느니라

2:19 내가 율법으로 말미암아 율법에 대하여 죽었나니 이는 하나님에 대하여 살려
함이라

더 깊은 묵상

오늘 말씀은 하나님 안에 있는 생명의 길을 말씀해주고 있습니다.
출애굽기는 "감람으로 짠 순수한 기름을 등불을 위하여 네게로 가져오게 하고 끊이지 않게 등불을 켜되"라고(출 27:20) 말씀하고 있습니다. 우리는 이 등불이 무엇을 의미하는지 잘 알고 있습니다. 예수님께서 신랑을 맞이하는 열 처녀의 비유를 통해 말씀해주셨기 때문입니다.

마태복음 25장 1-13절 말씀을 통해 예수님이 말씀해주신 이 등불의 참된 의미는 신랑이 오실 때까지 깨어 있으라는 것입니다. 성전에 등불이 꺼지지 않도록 지키는 것보다 더 중요한 것은 내 마음의 영적 등불이 꺼지지 않도록 깨어서 지키는 것입니다. 그런데 이스라엘 백성들은 영적으로 잠들어 있느라 참 신랑이신 예수님이 오셨음에도 알아차리지 못하였습니다.

오늘날 예수님이 다시 오신다면 우리는 다시 오시는 예수님을 알아볼 수 있을까요? 예수님이 하늘에서 영광 중에 큰 찬송과 나팔소리로 오신다면 누구나 알아볼 수 있겠지요. 예수님이 그렇게 오신다면 예수님을 믿지 않는 사람들조차도 알아볼 테니 굳이 깨어 있을 필요가 없겠지만 만약 예수님이 가난한 노숙자의 모습으로, 장애인의 모습으로, 외국인 노동자의 모습으로 오신다면 알아볼 수 있을까요? 그렇다면 우리는 어떻게 해야 예수님을 알아볼 수 있을까요? 참으로 두려운 마음으로 깨어 있어야 하겠습니다.

예수님이 이 땅에 오신 이유는 단 한 사람의 생명도 잃어버리지 않고 마지막 날에 다시 살리시는 것입니다. 그렇다면 우리도 한 사람을 예수님처럼 귀하게 여기고 대접해야 할 것입니다. 그것이 깨어 있는 길입니다. 예수님께서 사람들에게 품고 있는 긍휼과 사랑의 마음을 내 속에도 동일하게 품으며 예수님의 마음에 맞닿아 있어야 합니다.

말씀묵상

자신의 명철과 지식을 의지하지 말아야 합니다. 성도는 오직 여호와를 신뢰하고 범사에 하나님을 인정해야 합니다. 그리하면 모든 길을 인도해 주십니다.

말씀적용 오늘의 감사

말씀적용

오늘의 감사

믿음으로 감사

소망으로 감사

사랑으로 감사

말씀암송

요 6:53 예수께서 이르시되 내가 진실로 진실로 너희에게 이르노니 인자의 [ ]을 먹지 아니하고 인자의 [ ]를 마시지 아니하면 너희 속에 [ ][ ]이 없느니라

말씀기도

❶ 하나님을 신뢰함으로 믿음으로 살도록 인도하여 주소서.
❷ 영적으로 잠들어 있지 않도록 깨워 주소서.
❸ 나의 삶이 주님을 증거하는 삶이 되게 하소서.

말씀배경 지식

할례 (갈 2:3)
문자적으로 '둘레를 자르다'라는 뜻으로 남성 성기의 포피를 자르는 의식이다. 할례는 이방인이 기독교로 개종하기 위한 필수 조건으로 간주되었다. 하지만 구속이 구약의 선민사상에서 세계 만민으로 확대된 신약 시대 초대교회에서 많은 논란을 거듭하다가 예루살렘 공회에서 공식 폐지되었다.

76 일차 365

3월 17일

영광을 위한 삶

출애굽기 28장 | 요한복음 7장 | 잠언 4장 | 갈라디아서 3장

말씀 연결 영광 (출 28, 요 7)

출애굽기 28장 | 거룩한 옷을 통한 영광

28:3 너는 무릇 마음에 지혜 있는 모든 자 곧 내가 지혜로운 영으로 채운 자들에게 말하여 아론의 옷을 지어 그를 거룩하게 하여 내게 제사장 직분을 행하게 하라

28:6 그들이 금 실과 청색 자색 홍색 실과 가늘게 꼰 베 실로 정교하게 짜서 에봇을 짓되

28:8 에봇 위에 매는 띠는 에봇 짜는 법으로 금 실과 청색 자색 홍색 실과 가늘게 꼰 베 실로 에봇에 정교하게 붙여 짤지며

28:9 호마노 두 개를 가져다가 그 위에 이스라엘 아들들의 이름을 새기되

28:15 너는 판결 흉패를 에봇 짜는 방법으로 금 실과 청색 자색 홍색 실과 가늘게 꼰 베 실로 정교하게 짜서 만들되

28:16 길이와 너비가 한 뼘씩 두 겹으로 네모 반듯하게 하고

28:21 이 보석들은 이스라엘 아들들의 이름대로 열둘이라 보석마다 열두 지파의 한 이름씩 도장을 새기는 법으로 새기고

요한복음 7장 | 하나님의 영광을 구함

7:6 예수께서 이르시되 내 때는 아직 이르지 아니하였거니와 너희 때는 늘 준비되어 있느니라

7:7 세상이 너희를 미워하지 아니하되 나를 미워하나니 이는 내가 세상의 일들을 악하다고 증언함이라

7:12 예수에 대하여 무리 중에서 수군거림이 많아 어떤 사람은 좋은 사람이라 하며 어떤 사람은 아니라 무리를 미혹한다 하나

7:19 모세가 너희에게 율법을 주지 아니하였느냐 너희 중에 율법을 지키는 자가 없도다 너희가 어찌하여 나를 죽이려 하느냐

7:22 모세가 너희에게 할례를 행했으니 (그러나 할례는 모세에게서 난 것이 아니요 조상들에게서 난 것이라) 그러므로 너희가 안식일에도 사람에게 할례를 행하느니라

7:35 이에 유대인들이 서로 묻되 이 사람이 어디로 가기에 우리가 그를 만나지 못하리요 헬라인 중에 흩어져 사는 자들에게로 가서 헬라인을 가르칠 터인가

오늘의 찬양

찬송가 312장 | 너 하나님께 이끌리어

맥체인성경365
456p

말씀 연결 의인의 길과 삶 (잠 4, 갈 3)

잠언 4장 | 빛나는 의인의 길

4:17 불의의 떡을 먹으며 강포의 술을 마심이니라

4:18 의인의 길은 돋는 햇살 같아서 크게 빛나 한낮의 광명에 이르거니와

4:23 모든 지킬 만한 것 중에 더욱 네 마음을 지키라 생명의 근원이 이에서 남이
니라

4:25 네 눈은 바로 보며 네 눈꺼풀은 네 앞을 곧게 살펴

갈라디아서 3장 | 믿음으로 말미암는 삶

3:2 내가 너희에게서 다만 이것을 알려 하노니 너희가 성령을 받은 것이 율법의 행
위로냐 혹은 듣고 믿음으로냐

3:10 무릇 율법 행위에 속한 자들은 저주 아래에 있나니 기록된 바 누구든지 율법
책에 기록된 대로 모든 일을 항상 행하지 아니하는 자는 저주 아래에 있는 자라 하
였음이라

3:11 또 하나님 앞에서 아무도 율법으로 말미암아 의롭게 되지 못할 것이 분명하니
이는 의인은 믿음으로 살리라 하였음이라

3:14 이는 그리스도 예수 안에서 아브라함의 복이 이방인에게 미치게 하고 또 우리
로 하여금 믿음으로 말미암아 성령의 약속을 받게 하려 함이라

3:19 그런즉 율법은 무엇이냐 범법하므로 더하여진 것이라 천사들을 통하여 한 중
보자의 손으로 베푸신 것인데 약속하신 자손이 오시기까지 있을 것이라

더 깊은 묵상

출애굽기 28장은 성막에 드나들 수 있는 제사장의 옷에 대한 여러 가지 규례에 대해 말씀하고 있는데 여기서 가장 중요한 것은 성결이라는 단어입니다. 대제사장이라도 성결함 없이 지성소에 들어가면 목숨을 잃기도 합니다. 하나님을 만날 때 가장 중요한 것은 하나님 앞에 성결한 모습으로 나아가는 것입니다. 구약 시대에는 속죄양의 피로 성결 의식을 치른 후 지성소로 나아갔고, 신약 시대에는 속죄양이신 예수 그리스도의 피를 힘입어 죄 사함을 받고 하나님께 나아갑니다.

그런데 이스라엘 사람들은 예수님이 오신 뒤에도 율법의 굴레에서 벗어나지 못하고 율법으로 예수님을 판단하고 믿지 않으며 도리어 예수님을 죽이기 위해 모의했습니다. 이에 대해 예수님은 "모세의 율법을 범하지 아니하려고 사람이 안식일에도 할례를 받는 일이 있거든 내가 안식일에 사람의 전신을 건전하게 한 것으로 너희가 내게 노여워하느냐"(요 7:23)라고 말씀하시고, 율법은 사람을 죽이기 위한 것이 아니라 사람을 살리기 위한 것이라고 말씀하십니다.

그리고 "또 하나님 앞에서 아무도 율법으로 말미암아 의롭게 되지 못할 것이 분명하니 이는 의인은 믿음으로 살리라 하였음이라"(갈 3:11)라고 말씀하셨습니다. 우리가 율법의 저주에서 해방되었음을 말씀해주십니다. 율법은 오직 예수 그리스도의 은혜로만 구원받을 수 있음을 가르쳐주는 초등교사에 지나지 않습니다. 우리는 이미 믿음으로 말미암아 그리스도 예수 안에서 하나님의 아들이 되었습니다. 이것이 예수 그리스도의 은혜입니다.

말씀묵상

어떤 옷을 입고 있습니까? 세상의 아름다운 옷을 자랑하지 말고, 예수 그리스도로 옷을 입고 자랑하십시오. 그것이 성도의 영광입니다.

말씀적용 오늘의 감사

말씀적용

오늘의 감사

믿음으로 감사

소망으로 감사

사랑으로 감사

말씀암송

갈 3:11 또 하나님 앞에서 아무도 [ ][ ]으로 말미암아
의롭게 되지 못할 것이 분명하니 이는 의인은 [ ][ ]으로
살리라 하였음이라

말씀기도

❶ 주님과 제 사이를 가로막는 죄악을 없애게 하여 주소서.
❷ 하나님의 아들로서 본이 되는 삶을 살게 하소서.
❸ 제 마음이 예수님의 마음에 잇닿아 사랑과 공의가 가득하게 지켜 주소서.

말씀배경 지식

신약 시대의 유교적 분파(요 7:32)

첫째, 바리새인은 '분리된 자'라는 뜻을 가지고 있다. 당시 가장 큰 종교 및 사회 세력으로 율법 준수에 철저했다. 둘째, 사두개인은 대제사장 사독의 이름에서 유래했다. 제사장 산헤드린 회원 등 종교적, 정치적 귀족들과 그 추종 세력으로 이루어진 폐쇄적인 집단이다. 하나님의 인격을 무시하고 현실주의를 추구했다. 셋째, 열심당은 선민사상에 투철하고 민족주의적 성향을 가진 일종의 비밀 당파로 마사다 전투에서 몰사할때까지 유혈 운동을 벌렸다. 넷째, 에세네파는 철저한 금욕 생활과 사회로부터 격리된 공동체 생활을 했다.

77 일차/365

3월 18일

말씀 안에 거함

출애굽기 29장 | 요한복음 8장 | 잠언 5장 | 갈라디아서 4장

말씀 연결 위임식과 진리 (출 29, 요 8)

출애굽기 29장 | 제사장 위임식을 명하심

29:2 무교병과 기름 섞인 무교 과자와 기름 바른 무교 전병을 모두 고운 밀가루로 만들고

29:7 관유를 가져다가 그의 머리에 부어 바르고

29:9 아론과 그의 아들들에게 띠를 띠우며 관을 씌워 그들에게 제사장의 직분을 맡겨 영원한 규례가 되게 하라 너는 이같이 아론과 그의 아들들에게 위임하여 거룩하게 할지니라

29:14 그 수소의 고기와 가죽과 똥을 진 밖에서 불사르라 이는 속죄제니라

29:18 그 숫양 전부를 제단 위에 불사르라 이는 여호와께 드리는 번제요 이는 향기로운 냄새니 여호와께 드리는 화제니라

29:24 그 전부를 아론의 손과 그의 아들들의 손에 주고 그것을 흔들어 여호와 앞에 요제를 삼을지며

29:28 이는 이스라엘 자손이 아론과 그의 자손에게 돌릴 영원한 분깃이요 거제물이니 곧 이스라엘 자손이 화목제의 제물 중에서 취한 거제물로서 여호와께 드리는 거제물이니라

요한복음 8장 | 진리인 말씀 안에서 자유함

8:7 그들이 묻기를 마지 아니하는지라 이에 일어나 이르시되 너희 중에 죄 없는 자가 먼저 돌로 치라 하시고

8:11 대답하되 주여 없나이다 예수께서 이르시되 나도 너를 정죄하지 아니하노니 가서 다시는 죄를 범하지 말라 하시니라]

8:12 예수께서 또 말씀하여 이르시되 나는 세상의 빛이니 나를 따르는 자는 어둠에 다니지 아니하고 생명의 빛을 얻으리라

8:26 내가 너희에게 대하여 말하고 판단할 것이 많으나 나를 보내신 이가 참되시매 내가 그에게 들은 그것을 세상에 말하노라 하시되

8:32 진리를 알지니 진리가 너희를 자유롭게 하리라

8:41 너희는 너희 아비가 행한 일들을 하는도다 대답하되 우리가 음란한 데서 나지 아니하였고 아버지는 한 분뿐이시니 곧 하나님이시로다

오늘의 찬양

찬송가 459장 | 누가 주를 따라

맥체인성경365
463p

말씀 연결 말씀과 형상 (잠 5, 갈 4)

잠언 5장 | 들어야 할 지혜의 말씀

5:3 대저 음녀의 입술은 꿀을 떨어뜨리며 그의 입은 기름보다 미끄러우나

5:14 많은 무리들이 모인 중에서 큰 악에 빠지게 되었노라 하게 될까 염려하노
라

5:15 너는 네 우물에서 물을 마시며 네 샘에서 흐르는 물을 마시라

5:16 어찌하여 네 샘물을 집 밖으로 넘치게 하며 네 도랑물을 거리로 흘러가게
하겠느냐

갈라디아서 4장 | 그리스도의 형상을 이룸

4:5 율법 아래에 있는 자들을 속량하시고 우리로 아들의 명분을 얻게 하려 하심이
라

4:13 내가 처음에 육체의 약함으로 말미암아 너희에게 복음을 전한 것을 너희가
아는 바라

4:19 나의 자녀들아 너희 속에 그리스도의 형상을 이루기까지 다시 너희를 위하여
해산하는 수고를 하노니

4:23 여종에게서는 육체를 따라 났고 자유 있는 여자에게서는 약속으로 말미암았
느니라

4:25 이 하갈은 아라비아에 있는 시내 산으로서 지금 있는 예루살렘과 같은 곳이니
그가 그 자녀들과 더불어 종 노릇 하고

4:27 기록된 바 잉태하지 못한 자여 즐거워하라 산고를 모르는 자여 소리 질러 외
치라 이는 홀로 사는 자의 자녀가 남편 있는 자의 자녀보다 많음이라 하였으니

더 깊은 묵상

출애굽기 29장에서는 아론의 아들들에게 제사장의 직분이 이어지며 하나님께서 그 제사장들을 통해 이스라엘 백성들을 만나주시고 인도하여 주시는 것을 보여줍니다. 그러나 아론의 아들들을 통한 이스라엘의 구원이 결국 실패하였습니다. 인간은 누구나 죄인이고 타락하는데 대제사장인 아론의 아들들(자손들)도 마찬가지였습니다.

그래서 결국 갈라디아서 4장을 통해 하나님은 "때가 차매 하나님이 그 아들을 보내사 여자에게서 나게 하시고 율법 아래에 나게 하신 것은 율법 아래에 있는 자들을 속량하시고 우리로 아들의 명분을 얻게 하려 하심이라"(갈4:4-5)라고 말씀하십니다. 아론의 아들들로는 우리를 구원하실 수 없으므로 예수 그리스도를 율법 아래에서 나게 하시고 우리를 속량하여 하나님의 아들로 삼아주신 것입니다.

요한복음 8장에서 음행하다 끌려온 여자를 정죄함으로 예수님을 시험하려던 자들에게 너희 중에 죄 없는 자가 먼저 돌로 치라고 말씀하시는 것을 통해 모든 사람이 죄를 범하였으매 하나님의 영광에 이르지 못하는 것을 깨닫게 하시고, 마침내 예수님께서 사람들을 죄의 굴레 아래에 두던 율법을 폐지하러 오셨음을 보여주셨습니다. 참 진리와 자유가 어디에 있는지를 가르쳐 주셨습니다. 하나님께 속한 자녀들은 하나님의 말씀을 듣고 순종하며, 일상의 삶 가운데서 말씀으로 살아내는 사람들이란 것을 가르쳐 주셨습니다.

이는 잠언에서 "그런즉 아들들아 나에게 들으며 내 입의 말을 버리지 말고 네 길을 그에게서 멀리 하라"(잠 5:7-8)라고 말씀하시는 것과 같습니다. 자녀는 아버지의 말씀을 듣고 순종합니다. 우리가 하나님의 아들이라면 하나님의 말씀을 듣고 순종해야 하는 것과 마찬가지입니다.

말씀묵상

지금 어떤 생각에 머물러 있습니까? 세상의 헛된 생각들은 사망으로 인도합니다. 진리의 말씀에 거해야 자유함으로 인도함을 받습니다.

말씀적용 오늘의 감사

말씀적용

오늘의 감사

믿음으로 감사

소망으로 감사

사랑으로 감사

말씀암송

갈 4:5 율법 아래에 있는 자들을 속량하시고 우리로 [ ]
[ ]의 [ ][ ]을 얻게 하려 하심이라

말씀기도

❶ 말씀이신 예수님 안에 거하여 참 자유를 누리며 살아가게 하소서.
❷ 주의 사랑이 충만하게 하셔서 사랑의 샘물이 넘치는 사람으로 변화시켜 주소서.
❸ 삶에서 말씀을 실천하며 살아갈 수 있도록 저와 동행하여 주소서.

말씀배경 지식

예수님의 은혜를 입은 여성들 (요 8:1-11)

예수님의 은혜를 입은 여성들이 있다. 죽은 아들의 소생을 체험한 나인성 과부, 값비싼 향유로 예수의 발을 씻긴 여성, 간음했지만 죄 사함을 얻은 여인, 나사로의 자매들 곧 마르다와 마리아, 귀신들려 구부러진 허리를 18년 만에 고침 받은 병자 등이다.

78 일차 365

3월 19일

향기로운 향

출애굽기 30장 | 요한복음 9장 | 잠언 6장 | 갈라디아서 5장

말씀 연결 거룩과 행함 (출 30, 요 9)

출애굽기 30장 | 거룩한 향

30:2 길이가 한 규빗, 너비가 한 규빗으로 네모가 반듯하게 하고 높이는 두 규빗으로 하며 그 뿔을 그것과 이어지게 하고

30:9 너희는 그 위에 다른 향을 사르지 말며 번제나 소제를 드리지 말며 전제의 술을 붓지 말며

30:12 네가 이스라엘 자손의 수효를 조사할 때에 조사 받은 각 사람은 그들을 계수할 때에 자기의 생명의 속전을 여호와께 드릴지니 이는 그들을 계수할 때에 그들 중에 질병이 없게 하려 함이라

30:13 무릇 계수 중에 드는 자마다 성소의 세겔로 반 세겔을 낼지니 한 세겔은 이십 게라라 그 반 세겔을 여호와께 드릴지며

30:18 너는 물두멍을 놋으로 만들고 그 받침도 놋으로 만들어 씻게 하되 그것을 회막과 제단 사이에 두고 그 속에 물을 담으라

30:32 사람의 몸에 붓지 말며 이 방법대로 이와 같은 것을 만들지 말라 이는 거룩하니 너희는 거룩히 여기라

30:35 그것으로 향을 만들되 향 만드는 법대로 만들고 그것에 소금을 쳐서 성결하게 하고

요한복음 9장 | 하나님의 뜻대로 향함

9:7 이르시되 실로암 못에 가서 씻으라 하시니 (실로암은 번역하면 보냄을 받았다는 뜻이라) 이에 가서 씻고 밝은 눈으로 왔더라

9:11 대답하되 예수라 하는 그 사람이 진흙을 이겨 내 눈에 바르고 나더러 실로암에 가서 씻으라 하기에 가서 씻었더니 보게 되었노라

9:22 그 부모가 이렇게 말한 것은 이미 유대인들이 누구든지 예수를 그리스도로 시인하는 자는 출교하기로 결의하였으므로 그들을 무서워함이러라

9:38 이르되 주여 내가 믿나이다 하고 절하는지라

9:39 예수께서 이르시되 내가 심판하러 이 세상에 왔으니 보지 못하는 자들은 보게 하고 보는 자들은 맹인이 되게 하려 함이라 하시니

오늘의 찬양
찬송가 42장 | 거룩한 주님께

맥체인성경365
470p

말씀 연결 말씀 따라 (잠 6, 갈 5)

잠언 6장 | 듣고 행할 말씀

6:1 내 아들아 네가 만일 이웃을 위하여 담보하며 타인을 위하여 보증하였으면

6:11 네 빈궁이 강도 같이 오며 네 곤핍이 군사 같이 이르리라

6:12 불량하고 악한 자는 구부러진 말을 하고 다니며

6:23 대저 명령은 등불이요 법은 빛이요 훈계의 책망은 곧 생명의 길이라

6:26 음녀로 말미암아 사람이 한 조각 떡만 남게 됨이며 음란한 여인은 귀한 생
명을 사냥함이니라

6:27 사람이 불을 품에 품고서야 어찌 그의 옷이 타지 아니하겠으며

6:28 사람이 숯불을 밟고서야 어찌 그의 발이 데지 아니하겠느냐

갈라디아서 5장 | 성령을 따라 행함

5:2 보라 나 바울은 너희에게 말하노니 너희가 만일 할례를 받으면 그리스도께서
너희에게 아무 유익이 없으리라

5:6 그리스도 예수 안에서는 할례나 무할례나 효력이 없으되 사랑으로써 역사하
는 믿음뿐이니라

5:17 육체의 소욕은 성령을 거스르고 성령은 육체를 거스르나니 이 둘이 서로 대적
함으로 너희가 원하는 것을 하지 못하게 하려 함이니라

5:22 오직 성령의 열매는 사랑과 희락과 화평과 오래 참음과 자비와 양선과 충성과

더 깊은 묵상

출애굽기 30장은 하나님의 성막에서 분향할 향기를 만드는 규례에 대해 자세히 말씀하고 있습니다. 왜 이렇게 자세하게 말씀하시는 걸까요? 그것은 향기가 하나님께 드리는 것이기 때문입니다. 향기에 관한 2가지 말씀이 있습니다. 하나는 우리가 곧 그리스도의 향기(고후 2:15)라는 말씀과 우리의 기도가 곧 하나님께 드리는 향기(계 8:3)라는 말씀입니다.

여기서 우리의 삶을 돌아보아야 합니다. 출애굽기에서는 하나님께 드려지는 향기에 대해 꼼꼼하게 기록하고 있는데, 우리의 삶 속에서 하나님께 드리는 기도는 얼마나 정성스러운가 하는 것입니다. 그리고 세상 사람들에게 우리는 향기로운지 생각해야 합니다. 혹시라도 하나님 앞에 드려지는 기도가 향기롭지 못한 기도이거나, 우리 삶이 향기롭지 못하다면 스스로 삼가고 돌아보아야 할 것입니다.

예수님으로 인해 눈뜬 맹인이 바리새인들과 논쟁하던 중에 "경건하여 그의 뜻대로 행하는 자의 말은 들으시는 줄을 우리가 아나이다"(요 9:31)라고 고백하는 장면이 나옵니다. 하나님의 백성으로 사는 삶은 말이 앞서는 삶이 아니라 삶으로 말하는 것이라는 의미입니다.

잠언에서도 "여호와께서 미워하시는 것 곧 그의 마음에 싫어하시는 것이 예닐곱 가지이니 곧 교만한 눈과 거짓된 혀와 무죄한 자의 피를 흘리는 손과 악한 계교를 꾀하는 마음과 빨리 악으로 달려가는 발과 거짓을 말하는 망령된 증인과 및 형제 사이를 이간하는 자이니라"(잠 6:16-19)는 말씀으로 하나님의 자녀들은 삶으로 향기를 드러내야 하는데 악취를 풍기는 삶을 살아서는 안 된다는 것을 말씀하고 있습니다.

오늘날 우리는 입으로 예수님을 이야기하면서 삶에서는 악취를 풍기는 사람들을 목격할 수 있습니다. 그런 사람들은 "사랑과 희락과 화평과 오래 참음과 자비와 양선과 충성과 온유와 절제"(갈 5:22-23)라는 성령의 열매가 없는 사람들이며, 성령을 따라 사는 사람이 아니라 권력이나 재물 등 육체의 욕심을 따라 사는 사람들입니다. 하늘에 재물을 쌓고 하늘나라의 상급을 사모하는 것이 아니라 이 땅에서 받을 상급과 재물을 더 사모하는 사람들의 삶에서는 향기가 풍길 수 없습니다.

말씀묵상

귤꽃이 내는 향내를 따라 걸은 적이 있습니다. 향기는 사람을 끄는 힘이 있습니다. 성령 충만함과 예수 그리스도의 향기로 살아가십시오.

말씀적용 오늘의 감사

말씀적용

오늘의 감사

믿음으로 감사

소망으로 감사

사랑으로 감사

말씀암송

갈 5:6 그리스도 예수 안에서는 할례나 무할례나 효력이 없으되 [ ][ ]으로써 역사하는 [ ][ ]뿐이니라

말씀기도

❶ 기도로 주님 앞에 나아갈 때 정직하고 간절하고 성결하게 나아갈 수 있도록 도와주소서.
❷ 죄악된 모습을 회개하고 돌아서게 하소서.
❸ 삶에 성령의 열매들이 가득하여 그리스도의 향기를 풍기는 삶을 살게 하소서.

말씀배경 지식

하나님께서는 매일 아침과 저녁에 회막문에서 어린 양을 희생 제물로 드리라고 명하셨다. 왜일까? 구약 시대에는 하나님께서 회막에서 자신의 백성을 만나 그들의 경배를 받고 말씀하셨기 때문이다. 그러므로 날마다 드리는 희생 제사는 이스라엘 백성을 하나님 앞으로 이끄는 역할을 하였다. 그 결과 이스라엘 백성들은 하나님께서 자신들의 하나님이 되시고, 또한 자신들 가운데 임재하고 계신다는 놀라운 사실을 체험할 수 있었다.

79 일차/365

3월 20일

짐을 서로 짊어짐

출애굽기 31장 | 요한복음 10장 | 잠언 7장 | 갈라디아서 6장

말씀 연결 지혜와 목숨 (출 31, 요 10)

출애굽기 31장 | 부르심과 지혜 주심

31:6 내가 또 단 지파 아히사막의 아들 오홀리압을 세워 그와 함께 하게 하며 지
혜로운 마음이 있는 모든 자에게 내가 지혜를 주어 그들이 내가 네게 명령한 것
을 다 만들게 할지니

31:13 너는 이스라엘 자손에게 말하여 이르기를 너희는 나의 안식일을 지키라
이는 나와 너희 사이에 너희 대대의 표징이니 나는 너희를 거룩하게 하는 여호와
인 줄 너희가 알게 함이라

31:15 엿새 동안은 일할 것이나 일곱째 날은 큰 안식일이니 여호와께 거룩한 것
이라 안식일에 일하는 자는 누구든지 반드시 죽일지니라

31:18 여호와께서 시내 산 위에서 모세에게 이르시기를 마치신 때에 증거판 둘
을 모세에게 주시니 이는 돌판이요 하나님이 친히 쓰신 것이더라

요한복음 10장 | 목숨을 버림

10:3 문지기는 그를 위하여 문을 열고 양은 그의 음성을 듣나니 그가 자기 양의 이
름을 각각 불러 인도하여 내느니라

10:7 그러므로 예수께서 다시 이르시되 내가 진실로 진실로 너희에게 말하노니
나는 양의 문이라

10:12 삯꾼은 목자가 아니요 양도 제 양이 아니라 이리가 오는 것을 보면 양을 버
리고 달아나나니 이리가 양을 물어 가고 또 헤치느니라

10:16 또 이 우리에 들지 아니한 다른 양들이 내게 있어 내가 인도하여야 할 터이
니 그들도 내 음성을 듣고 한 무리가 되어 한 목자에게 있으리라

10:19 이 말씀으로 말미암아 유대인 중에 다시 분쟁이 일어나니

오늘의 찬양

찬송가 575장 | 주님께 귀한 것 드려

맥체인성경365
476p

말씀 연결 계명과 일 (잠 7, 갈 6)

잠언 7장 | 계명을 간직하는 것

7:3 이것을 네 손가락에 매며 이것을 네 마음판에 새기라

7:6 내가 내 집 들창으로, 살창으로 내다 보다가

7:10 그 때에 기생의 옷을 입은 간교한 여인이 그를 맞으니

7:11 이 여인은 떠들며 완악하며 그의 발이 집에 머물지 아니하여

7:20 은 주머니를 가졌은즉 보름 날에나 집에 돌아오리라 하여

갈라디아서 6장 | 자기의 일을 살핌

6:2 너희가 짐을 서로 지라 그리하여 그리스도의 법을 성취하라

6:7 스스로 속이지 말라 하나님은 업신여김을 받지 아니하시나니 사람이 무엇으로
심든지 그대로 거두리라

6:8 자기의 육체를 위하여 심는 자는 육체로부터 썩어질 것을 거두고 성령을 위하
여 심는 자는 성령으로부터 영생을 거두리라

6:11 내 손으로 너희에게 이렇게 큰 글자로 쓴 것을 보라

6:17 이 후로는 누구든지 나를 괴롭게 하지 말라 내가 내 몸에 예수의 흔적을 지니
고 있노라

더 깊은 묵상

오늘은 짐을 서로 나누어지는 지혜에 대해 말씀하고 있습니다. 출애굽기에서 브살렐과 오홀리압에게 성막을 위한 여러 가지 것들을 만드는 일을 맡기고 있습니다. 이렇게 하나님께서는 지혜와 총명과 지식과 여러 가지 재주를 부어주셔서 짐을 나누어지게 하시는 모습을 확인할 수 있습니다.

갈라디아서에서도 "형제들아 사람이 만일 무슨 범죄한 일이 드러나거든 신령한 너희는 온유한 심령으로 그러한 자를 바로잡고 너 자신을 살펴보아 너도 시험을 받을까 두려워하라"(갈 6:1)라는 말씀과 "너희가 짐을 서로 지라 그리하여 그리스도의 법을 성취하라"(갈 6:2)라는 말씀으로 서로 짐을 나누어질 것을 말씀하고 있습니다.

우리가 빠지기 쉬운 오류 중의 하나가 나 혼자 모든 짐을 짊어지려는 것입니다. 하지만 성경은 그렇게 말씀하지 않습니다. 성경은 모든 짐을 나누어지라고 말씀하십니다. 모든 짐을 혼자 지려고 하는 것은 자기중심적이기 때문입니다. 하지만 하나님은 우리를 교회라는 공동체로 부르셨습니다. 공동체는 어떤 문제나 고민이든 서로 함께 해결하는 것이 당연합니다. 짐을 서로 나누어지는 일은 함께 일하는 상대방을 신뢰하는 일이고 권한을 나누는 일입니다. 그리고 무엇보다도 나 홀로 존재하는 것이 아니라 내 곁에 항상 하나님께서 함께하신다는 것을 인정하는 일입니다.

예수님은 "나와 아버지는 하나이니라"(요 10:30)라고 말씀하셨고, "믿으라 그러면 너희가 아버지께서 내 안에 계시고 내가 아버지 안에 있음을 깨달아 알리라"(요 10:38)라고 하셨습니다. 우리는 혼자가 아닙니다. 우리 아버지 되시는 하나님과 항상 함께입니다.

말씀묵상

길에서 폐지를 주우시는 할머니의 리어카를 밀어주는 어떤 분의 사진을 본 적이 있습니다. 누군가의 짐을 함께 져 준다는 것은 아름다운 모습입니다. 주님께서는 짐을 서로 지라고 명하십니다.

말씀적용 오늘의 감사

말씀적용

오늘의 감사

믿음으로 감사

소망으로 감사

사랑으로 감사

말씀암송

갈 6:8 자기의 육체를 위하여 심는 자는 육체로부터 썩어 질 것을 거두고 [ ][ ]을 위하여 심는 자는 [ ][ ]으로부터 [ ][ ]을 거두리라

말씀기도

❶ 모든 일을 혼자서 해결하려는 습관을 버리고 협력하여 함께 선을 이루는 삶을 살게 하소서.

❷ 하나님께서 부르시는 부르심에 합당한 삶을 살게 하소서.

❸ 주님 말씀이 제 길의 빛이 되게 하소서.

말씀배경 지식

수전절 (요 10:22) '봉헌'이라는 뜻이다. 기원전 164년 유대 마카베오가 수리아 왕 안티오쿠스 에피파네스 군대에 의해 더럽혀진 성전을 정결하게 하고 하나님께 봉헌한 날을 기념하는 절기이다. 유대력 9월 25일부터 8일간 지켜졌다. 수전절의 다른 이름은 '하누카'이다.

성령의 인도하심을 따라

"너희가 내 이름으로 무엇을 구하든지 내가 행하리니 이는 아버지로 하여금 아들로 말미암아 영광을 받으시게 하려 함이라" (요 14:13)

존 번연(John Bunyan)이 감옥에 갇혔을 때, 어느 날 옥사장이 윗사람 모르게 그에게 옥문을 열어주면서 집에 잠깐 다녀오라고 하였다.
번연이 옥에서 나와 얼마쯤 가다가 되돌아오자, 옥사장이 왜 돌아오느냐고 물었다. 번연이 그에게 말했다. "당신의 호의는 고마우나 성령이 인도하시는 길이 아니라서 돌아왔습니다."
그로부터 한 시간 후에, 이 나라의 국왕이 직접 감옥을 시찰하면서 번연이 감옥에서 어떻게 지내는지를 확인하고 돌아갔다. 이때, 옥사장이 번연에게 말하였다.

"목사님께서 성령의 인도하심을 따라 행동하셨기에 목사님도 살고 나도 살았습니다. 이제부터는 목사님께 가시라, 오시라 하지 않을 테니까 목사님의 마음에 비쳐오는 성령의 인도하심을 따라 가시고 싶을 때 가셨다가 오시고 싶을 때 오시기 바랍니다."

본문의 묵상을 위한 주제어

주시므로 : 예수님으로 말미암아 하나님과 관계를 형성하게 되었다.
그 안에 : 성령님께서 은혜를 주셔서 우리를 예수님과 연합시키신다.
그가 우리 안에: 성령님께서 하나님과의 관계를 유지시켜 주신다,

기도 : 순간, 순간 성령님의 인도하심에 민감하기 원합니다.

심화예화 365 / 선교횃불

80 일차/365

3월 21일

하나님의 영광

출애굽기 32장 | 요한복음 11장 | 잠언 8장 | 에베소서 1장

말씀 연결 영광 (출 32, 요 11)

출애굽기 32장 | 하나님의 영광을 훼손하는 예배의 변질

32:1 백성이 모세가 산에서 내려옴이 더딤을 보고 모여 백성이 아론에게 이르러 말하되 일어나라 우리를 위하여 우리를 인도할 신을 만들라 이 모세 곧 우리를 애굽 땅에서 인도하여 낸 사람은 어찌 되었는지 알지 못함이니라

32:5 아론이 보고 그 앞에 제단을 쌓고 이에 아론이 공포하여 이르되 내일은 여호와의 절일이니라 하니

32:7 여호와께서 모세에게 이르시되 너는 내려가라 네가 애굽 땅에서 인도하여 낸 네 백성이 부패하였도다

32:9 여호와께서 또 모세에게 이르시되 내가 이 백성을 보니 목이 뻣뻣한 백성이로다

32:20 모세가 그들이 만든 송아지를 가져다가 불살라 부수어 가루를 만들어 물에 뿌려 이스라엘 자손에게 마시게 하니라

32:25 모세가 본즉 백성이 방자하니 이는 아론이 그들을 방자하게 하여 원수에게 조롱거리가 되게 하였음이라

요한복음 11장 | 믿음으로 보는 하나님의 영광

11:9 예수께서 대답하시되 낮이 열두 시간이 아니냐 사람이 낮에 다니면 이 세상의 빛을 보므로 실족하지 아니하고

11:11 이 말씀을 하신 후에 또 이르시되 우리 친구 나사로가 잠들었도다 그러나 내가 깨우러 가노라

11:16 디두모라고도 하는 도마가 다른 제자들에게 말하되 우리도 주와 함께 죽으러 가자 하니라

11:20 마르다는 예수께서 오신다는 말을 듣고 곧 나가 맞이하되 마리아는 집에 앉았더라

11:31 마리아와 함께 집에 있어 위로하던 유대인들은 그가 급히 일어나 나가는 것을 보고 곡하러 무덤에 가는 줄로 생각하고 따라가더니

11:33 예수께서 그가 우는 것과 또 함께 온 유대인들이 우는 것을 보시고 심령에 비통히 여기시고 불쌍히 여기사

오늘의 찬양
찬송가 274장 | 나 행한 것 죄뿐이니

맥체인성경365
480p

말씀 연결 사랑과 영광 (잠 8, 엡 1)

잠언 8장 | 여호와를 사랑함

8:4 사람들아 내가 너희를 부르며 내가 인자들에게 소리를 높이노라

8:6 너희는 들을지어다 내가 가장 선한 것을 말하리라 내 입술을 열어 정직을 내
리라

8:14 내게는 계략과 참 지식이 있으며 나는 명철이라 내게 능력이 있으므로

8:16 나로 말미암아 재상과 존귀한 자 곧 모든 의로운 재판관들이 다스리느니라

8:22 여호와께서 그 조화의 시작 곧 태초에 일하시기 전에 나를 가지셨으며

8:27 그가 하늘을 지으시며 궁창을 해면에 두르실 때에 내가 거기 있었고

8:35 대저 나를 얻는 자는 생명을 얻고 여호와께 은총을 얻을 것임이니라

8:36 그러나 나를 잃는 자는 자기의 영혼을 해하는 자라 나를 미워하는 자는 사
망을 사랑하느니라

에베소서 1장 | 그리스도 안에서 오는 영광

1:1 하나님의 뜻으로 말미암아 그리스도 예수의 사도 된 바울은 에베소에 있는 성
도들과 그리스도 예수 안에 있는 신실한 자들에게 편지하노니

1:2 하나님 우리 아버지와 주 예수 그리스도로부터 은혜와 평강이 너희에게 있을
지어다

1:4 곧 창세 전에 그리스도 안에서 우리를 택하사 우리로 사랑 안에서 그 앞에 거룩
하고 흠이 없게 하시려고

1:7 우리는 그리스도 안에서 그의 은혜의 풍성함을 따라 그의 피로 말미암아 속량
곧 죄 사함을 받았느니라

1:10 하늘에 있는 것이나 땅에 있는 것이 다 그리스도 안에서 통일되게 하려 하심
이라

1:11 모든 일을 그의 뜻의 결정대로 일하시는 이의 계획을 따라 우리가 예정을 입
어 그 안에서 기업이 되었으니

1:20 그의 능력이 그리스도 안에서 역사하사 죽은 자들 가운데서 다시 살리시고 하
늘에서 자기의 오른편에 앉히사

더 깊은 묵상

하나님께 드리는 진정한 예배란 무엇일까요? 열심히 교회에 출석하고, 십일조를 잘 드리고, 복음 전도를 열심히 하면 하나님께 진정한 예배를 드리는 것일까요? 이 정도로 열심인 사람을 찾기가 쉽지 않지만, 성경은 이것만으로 부족하다고 말씀하십니다. 성경에는 우리가 아무리 열심히 예배를 드려도 하나님이 받지 않으시는 예배가 있다는 것을 말씀해주십니다.

출애굽기에 보면 모세가 시내 산에서 하나님께 십계명을 받고 있을 때 이스라엘 백성들은 모세가 더디 돌아오자 아론을 압박합니다. 그러자 아론은 백성들로부터 금붙이들을 모아서 황금 송아지 형상을 만들고 내놓습니다. 여기서 주목할 것은 아론이 만든 신이 이방 우상이 아니라 애굽에서 인도해 주신 여호와 하나님이었다는 것입니다. 아론과 백성들이 섬긴 신은 다른 신이 아니라 여호와 하나님이었습니다.

그런데 그 결과는 어떻게 되었나요? 하나님은 모세에게 "내가 하는 대로 두라 내가 그들에게 진노하여 그들을 진멸하고 너를 큰 나라가 되게 하리라"(출 32:10)라고 하실 정도로 대노하셨습니다. 모세와 백성들이 섬긴 신은 그들이 비록 여호와 하나님이라고 불렀을지라도 그들이 믿고 싶은 대로 만들어낸 우상에 불과했던 것입니다.

오늘날도 크게 다르지 않습니다. 예배당을 크게 짓고 수천, 수만 명이 모여 여호와 하나님을 찬양하고 예배를 드립니다. 그런데 우리가 예배드리는 그 하나님은 어떤 하나님인가요? 성경에서 말씀하시는 그 하나님이 정말 맞는지 돌아보아야 합니다. 어쩌면 우리도 물질 만능이라는 황금 우상을 만들어놓고 우리의 성공과 부유함만을 좇으면서 여호와 하나님이라고 부르고 있는 것인지도 모릅니다.

우리가 드리는 예배가 진정한 예배인지 아닌지 어떻게 분별할 수 있을까요? 잠언 8장은 여호와를 경외하는 것은 악을 미워하는 것이라고 말씀합니다. 여호와를 경외한다고 말하면서 악을 사랑하고 행하는 것은 하나님을 예배하는 것이 아니라 모욕하는 일입니다. 우리의 예배가 진정한 예배인지 아닌지는 우리가 행하는 일들이 선한 일인지 악한 일인지를 살펴보면 알 수 있습니다. 하나님께 예배드린다고 하면서 온갖 죄악들을 저지른다면 하나님을 예배하는 것이 아닙니다. 하나님의 공의와 평화, 사랑이 없이 불의와 분열, 온갖 차별과 혐오가 난무하는 곳에 하나님은 계시지 않습니다.

에베소서는 "교회는 그의 몸이니 만물 안에서 만물을 충만하게 하시는 이의 충만함이니라"(엡 1:23)라고 말씀하고 있습니다. 그리스도의 몸으로서 만물을 충만케 하시는 하나님의 공의와 평화, 그리고 사랑이 충만할 때 비로소 교회입니다.

말씀묵상

하나님의 은총 속에 인류는 하나님의 큰 사랑을 입었습니다. 성도는 십자가로 인하여 더 큰 사랑을 받았습니다. 일상에서 하나님의 사랑을 받는 길은 하나님을 사랑하는 것입니다.

말씀적용 오늘의 감사

말씀적용

오늘의 감사

믿음으로 감사

소망으로 감사

사랑으로 감사

말씀암송

엡 1:7 우리는 그리스도 안에서 그의 [ ][ ]의 풍성함을 따라 그의 [ ]로 말미암아 속량 곧 [ ] 사함을 받았느니라

말씀기도

❶ 내 안에 있는 세상의 온갖 우상들을 내려놓고 오직 주만 바라보게 하소서.
❷ 한국 교회가 어두운 곳을 비추는 빛이 되게 하시고, 썩어가는 세상을 지켜내는 소금이 되게 하소서.
❸ 하나님의 부르심에 합당한 삶을 살게 하옵소서.

말씀배경 지식

에베소 (엡 1:1)
에베소는 소아시아 서쪽 해안에 위치한 아시아 주 최대 도시이다. 이오니아인이 주류를 이루며 아데미를 숭배했다. 바울은 2차 선교 여행 때 이곳에 교회를 세웠고, 3차 선교 여행 때는 3년 정도 이 교회에서 사역했다. 기원후 431년 3차 종교회의가 개최되어 그리스도의 양성 교리가 확정된 곳이기도 하다.

81 일차 / 365

하나님의 영광 (2)

3월 22일

출애굽기 33장 | 요한복음 12장 | 잠언 9장 | 에베소서 2장

말씀 연결 하나님의 영광 (출 33, 요 12)

출애굽기 33장 | 하나님을 대면함

33:9 모세가 회막에 들어갈 때에 구름 기둥이 내려 회막 문에 서며 여호와께서 모세와 말씀하시니

33:11 사람이 자기의 친구와 이야기함 같이 여호와께서는 모세와 대면하여 말씀하시며 모세는 진으로 돌아오나 눈의 아들 젊은 수종자 여호수아는 회막을 떠나지 아니하니라

33:13 내가 참으로 주의 목전에 은총을 입었사오면 원하건대 주의 길을 내게 보이사 내게 주를 알리시고 나로 주의 목전에 은총을 입게 하시며 이 족속을 주의 백성으로 여기소서

33:14 여호와께서 이르시되 내가 친히 가리라 내가 너를 쉬게 하리라

33:19 여호와께서 이르시되 내가 내 모든 선한 것을 네 앞으로 지나가게 하고 여호와의 이름을 네 앞에 선포하리라 나는 은혜 베풀 자에게 은혜를 베풀고 긍휼히 여길 자에게 긍휼을 베푸느니라

요한복음 12장 | 영광 받으시는 예수

12:3 마리아는 지극히 비싼 향유 곧 순전한 나드 한 근을 가져다가 예수의 발에 붓고 자기 머리털로 그의 발을 닦으니 향유 냄새가 집에 가득하더라

12:13 종려나무 가지를 가지고 맞으러 나가 외치되 호산나 찬송하리로다 주의 이름으로 오시는 이 곧 이스라엘의 왕이시여 하더라

12:15 이는 기록된 바 시온 딸아 두려워하지 말라 보라 너의 왕이 나귀 새끼를 타고 오신다 함과 같더라

12:16 제자들은 처음에 이 일을 깨닫지 못하였다가 예수께서 영광을 얻으신 후에야 이것이 예수께 대하여 기록된 것임과 사람들이 예수께 이같이 한 것임이 생각났더라

12:18 이에 무리가 예수를 맞음은 이 표적 행하심을 들었음이러라

12:24 내가 진실로 진실로 너희에게 이르노니 한 알의 밀이 땅에 떨어져 죽지 아니하면 한 알 그대로 있고 죽으면 많은 열매를 맺느니라

12:31 이제 이 세상에 대한 심판이 이르렀으니 이 세상의 임금이 쫓겨나리라

오늘의 찬양
찬송가 150장 | 갈보리산 위에

맥체인성경365
487p

말씀 연결 여호와의 영광 (잠 9, 엡 2)

잠언 9장 | 여호와를 경외함

9:1 지혜가 그의 집을 짓고 일곱 기둥을 다듬고

9:5 너는 와서 내 식물을 먹으며 내 혼합한 포도주를 마시고

9:17 도둑질한 물이 달고 몰래 먹는 떡이 맛이 있다 하는도다

에베소서 2장 | 그리스도와 함께한 영광

2:2 그 때에 너희는 그 가운데서 행하여 이 세상 풍조를 따르고 공중의 권세 잡은
자를 따랐으니 곧 지금 불순종의 아들들 가운데서 역사하는 영이라

2:3 전에는 우리도 다 그 가운데서 우리 육체의 욕심을 따라 지내며 육체와 마음의
원하는 것을 하여 다른 이들과 같이 본질상 진노의 자녀이었더니

2:14 그는 우리의 화평이신지라 둘로 하나를 만드사 원수 된 것 곧 중간에 막힌 담
을 자기 육체로 허시고

2:17 또 오셔서 먼 데 있는 너희에게 평안을 전하시고 가까운 데 있는 자들에게 평
안을 전하셨으니

더 깊은 묵상

출애굽기 33장에서 모세가 하나님을 마치 사람이 자기 친구와 이야기함 같이 대면하여 만나는 모습을 볼 수 있습니다. 하나님께서는 이스라엘 백성들에게도 모세와 아론을 통해 말씀을 전해 주셨고, 구름 기둥과 불기둥으로 인도해 주셨습니다. 성막을 지어 그곳에 하나님의 영광이 가득한 것을 보여주셨고 성막 안에서 대제사장을 만나 하나님의 뜻을 알려주셨습니다.

요한복음에서는 태초에 말씀으로 계셨던 하나님이 육신이 되어 우리 가운데 오셨으며 그분이 바로 예수 그리스도라고 말씀하십니다. 그리고 그 예수님은 요한복음서의 저자인 사도 요한뿐만 아니라 열두 사도들과 칠십 문도들과 수천명의 제자들과 예수님을 따르는 사람들에게 대면하여 말씀하여 주셨습니다. 예수님의 말씀과 행적을 직접 보고 들었던 제자들이 보고 들은 바를 기록한 것이 4복음서와 사도행전을 비롯한 신약성경입니다.

우리는 모세처럼, 예수님의 제자들처럼 하나님을 직접 대면하여 보거나 말씀을 듣지 못합니다. 그러면 우리는 하나님을 작접 대면할 길은 없는 것일까요? 그렇지 않습니다. 예수님이 십자가에 못 박혀 돌아가실 때 지성소를 가로막던 천이 찢어지면서 하나님과 우리 사이를 가로막는 모든 것은 사라졌습니다. 오늘날의 우리는 모세가 그랬던 것처럼, 예수님의 제자들이 그랬던 것처럼 직접 대면하여 하나님을 만날 수 있습니다. 하나님께 직접 기도드릴 수 있고 하나님과 동행할 수 있습니다.

에베소서는 "허물로 죽은 우리를 그리스도와 함께 살리셨고 (너희는 은혜로 구원을 받은 것이라) 또 함께 일으키사 그리스도 예수 안에서 함께 하늘에 앉히시니"(엡 2:5-6)라고 말씀하십니다. 우리는 예수 그리스도와 함께 하늘에 앉을 하나님의 자녀입니다. "그러므로 이제부터 너희는 외인도 아니요 나그네도 아니요 오직 성도들과 동일한 시민이요 하나님의 권속"(엡 2:19)입니다. 언제든 하나님을 대면하여 만날 수 있는 축복, 우리가 잘 몰랐던 엄청난 축복이 아닐 수 없습니다.

말씀묵상

세상의 영광은 높아지는 것입니다. 그러나 성도의 영광은 한 알의 밀알처럼 죽는 것이며 그리스도와 함께하는 것입니다. 그리스도와 함께 하늘에 앉은 바가 되었습니다.

말씀적용 오늘의 감사

말씀적용

오늘의 감사

믿음으로 감사

소망으로 감사

사랑으로 감사

말씀암송

요 12:24 내가 진실로 진실로 너희에게 이르노니 한 알의
[ ]이 땅에 떨어져 죽지 아니하면 한 알 그대로 있고 죽으
면 많은 [ ][ ]를 맺느니라

말씀기도

❶ 오직 여호와를 경외함으로 하나님을 대면하고 하나님 나라 시민으로 합당한 삶을 살게 하옵소서.
❷ 하나님의 자녀다운 삶을 살 수 있도록 동행하여 주소서.
❸ 날마다 거룩하신 주님을 알아감으로 더욱 명철하여지게 하소서.

말씀배경 지식

사람에게 나타나신 하나님을 어떻게 이해해야 할 것인가? 하나님은 영이시기 때문에 사람이 볼 수 없다. 그러나 때로 하나님은 사람의 눈으로 볼 수 있는 형상으로 나타나셨는데 그것을 신학 용어로 '하나님의 현현'이라고 한다. 하나님이 직접 혹은 천사 형태로 나타나신 몇 가지 경우가 있다. 하갈에게 나타나신 하나님은 이스마엘의 출생을 알려 주기 위해서, 아브라함에게는 이삭의 출생을 알려 주기 위해서, 모세에게는 출애굽 사명을 부여하기 위해서, 기드온에게는 사사의 사명을 부여하기 위해서, 다니엘과 세 친구에게는 맹렬히 타오르는 풀무에서 보호하기 위해서였다.

82 일차 / 365

하나님의 복

3월 23일

출애굽기 34장 | 요한복음 13장 | 잠언 10장 | 에베소서 3장

말씀 연결 하나님과 사람 (출 34, 요 13)

출애굽기 34장 | 하나님의 이름을 선포하심

34:2 아침까지 준비하고 아침에 시내 산에 올라와 산 꼭대기에서 내게 보이되

34:6 여호와께서 그의 앞으로 지나시며 선포하시되 여호와라 여호와라 자비롭고 은혜롭고 노하기를 더디하고 인자와 진실이 많은 하나님이라

34:14 너는 다른 신에게 절하지 말라 여호와는 질투라 이름하는 질투의 하나님임이니라

34:19 모든 첫 태생은 다 내 것이며 네 가축의 모든 처음 난 수컷인 소와 양도 다 그러하며

34:20 나귀의 첫 새끼는 어린 양으로 대속할 것이요 그렇게 하지 아니하려면 그 목을 꺾을 것이며 네 아들 중 장자는 다 대속할지며 빈 손으로 내 얼굴을 보지 말지니라

34:22 칠칠절 곧 맥추의 초실절을 지키고 세말에는 수장절을 지키라

요한복음 13장 | 사람이 되신 예수

13:10 예수께서 이르시되 이미 목욕한 자는 발밖에 씻을 필요가 없느니라 온 몸이 깨끗하니라 너희가 깨끗하나 다는 아니니라 하시니

13:14 내가 주와 또는 선생이 되어 너희 발을 씻었으니 너희도 서로 발을 씻어 주는 것이 옳으니라

13:16 내가 진실로 진실로 너희에게 이르노니 종이 주인보다 크지 못하고 보냄을 받은 자가 보낸 자보다 크지 못하나니

13:18 내가 너희 모두를 가리켜 말하는 것이 아니니라 나는 내가 택한 자들이 누구인지 앎이라 그러나 내 떡을 먹는 자가 내게 발꿈치를 들었다 한 성경을 응하게 하려는 것이니라

13:33 작은 자들아 내가 아직 잠시 너희와 함께 있겠노라 너희가 나를 찾을 것이나 일찍이 내가 유대인들에게 너희는 내가 가는 곳에 올 수 없다고 말한 것과 같이 지금 너희에게도 이르노라

13:34 새 계명을 너희에게 주노니 서로 사랑하라 내가 너희를 사랑한 것 같이 너희도 서로 사랑하라

오늘의 찬양

찬송가 524장 | 갈 길을 밝히 보이시니

맥체인성경365
492p

말씀 연결 여호와의 복 (잠 10, 엡 3)

잠언 10장 | 여호와의 복의 특징

10:8 마음이 지혜로운 자는 계명을 받거니와 입이 미련한 자는 멸망하리라

10:10 눈짓하는 자는 근심을 끼치고 입이 미련한 자는 멸망하느니라

10:13 명철한 자의 입술에는 지혜가 있어도 지혜 없는 자의 등을 위하여는 채찍
이 있느니라

10:18 미움을 감추는 자는 거짓된 입술을 가진 자요 중상하는 자는 미련한 자이
니라

10:26 게으른 자는 그 부리는 사람에게 마치 이에 식초 같고 눈에 연기 같으니라

에베소서 3장 | 넘치도록 하시는 하나님의 복

3:2 너희를 위하여 내게 주신 하나님의 그 은혜의 경륜을 너희가 들었을 터이라

3:6 이는 이방인들이 복음으로 말미암아 그리스도 예수 안에서 함께 상속자가 되
고 함께 지체가 되고 함께 약속에 참여하는 자가 됨이라

3:8 모든 성도 중에 지극히 작은 자보다 더 작은 나에게 이 은혜를 주신 것은 측량
할 수 없는 그리스도의 풍성함을 이방인에게 전하게 하시고

3:16 그의 영광의 풍성함을 따라 그의 성령으로 말미암아 너희 속사람을 능력으로
강건하게 하시오며

3:18 능히 모든 성도와 함께 지식에 넘치는 그리스도의 사랑을 알고

3:19 그 너비와 길이와 높이와 깊이가 어떠함을 깨달아 하나님의 모든 충만하신
것으로 너희에게 충만하게 하시기를 구하노라

더 깊은 묵상

출애굽기에서 하나님은 이스라엘 백성들의 허물에도 불구하고 그들의 하나님이 되심을 선포하시면서, 자비롭고 은혜롭고 노하기를 더디 하고 인자와 진실이 많은 하나님이란 것을 친히 말씀하십니다. 우리 하나님은 자비하신 하나님, 사랑의 하나님이십니다.

요한복음에서 예수님은 친히 제자들의 발을 씻겨 주시며 너희도 서로 발을 씻어주는 것이 옳다고 말씀하십니다. 주께서 섬기셨듯이 우리도 섬기는 종이 되라는 명령입니다. 예수님은 "새 계명을 너희에게 주노니 서로 사랑하라 내가 너희를 사랑한 것 같이 너희도 서로 사랑하라 너희가 서로 사랑하면 이로써 모든 사람이 너희가 내 제자인 줄 알리라"(요 13:34-35)라고 하셨습니다. 우리가 서로 사랑하는 것이 예수님의 제자인지 아닌지 아는 방법입니다. 예수님의 제자라고 말하면서 사랑은 없고, 분열과 차별과 증오와 혐오와 탐욕만 있다면 예수님의 제자가 아닙니다. 예수님의 제자라는 증표는 화려한 말이나 대단한 신학, 정확한 교리가 아니라 오직 사랑입니다.

사랑이 예수님의 제자 됨의 증거인 것은 성경이 증명하고 있습니다. "미움은 다툼을 일으켜도 사랑은 모든 허물을 가리느니라"(잠 10:12). "지식에 넘치는 그리스도의 사랑을 알고 그 너비와 길이와 높이와 깊이가 어떠함을 깨달아 하나님의 모든 충만하신 것으로 너희에게 충만하게 하시기를 구하노라"(엡 3:18-19). 요한복음뿐만 아니라 잠언과 에베소서 모두 오직 사랑만을 말씀하시는 까닭입니다.

말씀묵상

사람을 부하게 하시고 근심을 겸하여 주지 않으시는 하나님의 복을 기대하십시오. 복이신 예수 그리스도를 통해 경험케 하셨고, 누리게 하셨습니다. 사랑함으로 더욱 풍성케 쌓아가야 합니다.

말씀적용 오늘의 감사

말씀적용

오늘의 감사

믿음으로 감사

소망으로 감사

사랑으로 감사

말씀암송

요 13:34 새 계명을 너희에게 주노니 서로 □□하라 내가 너희를 □□한 것 같이 너희도 서로 □□하라

말씀기도

❶ 모든 허물을 가릴 수 있는 사랑이 풍성한 사람이 되도록 하소서.
❷ 수님께서 우리를 사랑한 것 같이 우리도 서로 사랑하게 하소서.
❸ 주의 법도와 계명을 따라 행하며 사랑 안에 거하는 삶을 살게 하소서.

말씀배경 지식

고대 요세푸스에 의하면 신약 시대 유월절에 모인 유대인들의 수에 대해 당시 유월절 절기를 지키기 위해 희생된 양의 수가 무려 25만 6천 5백 마리였다고 한다. 양 한 마리에는 약 10명 정도가 한 그룹이 되어 예식을 치렀다고 한다. 이 계산에 따르면 당시 유월절에 예루살렘에 올라온 유대인의 수는 상상을 초월할 정도로 많았음을 알 수 있다.

83 일차 365

3월 24일

부르심

출애굽기 35장 | 요한복음 14장 | 잠언 11장 | 에베소서 4장

말씀 연결 부르심 (출 35, 요 14)

출애굽기 35장 | 성막 제작으로 부르심

35:5 너희의 소유 중에서 너희는 여호와께 드릴 것을 택하되 마음에 원하는 자는 누구든지 그것을 가져다가 여호와께 드릴지니 곧 금과 은과 놋과

35:9 호마노며 에봇과 흉패에 물릴 보석이니라

35:10 무릇 너희 중 마음이 지혜로운 자는 와서 여호와께서 명령하신 것을 다 만들지니

35:12 증거궤와 그 채와 속죄소와 그 가리는 휘장과

35:26 마음에 감동을 받아 슬기로운 모든 여인은 염소 털로 실을 뽑았으며

35:32 금과 은과 놋으로 제작하는 기술을 고안하게 하시며

요한복음 14장 | 예수에게로 부르심

14:2 내 아버지 집에 거할 곳이 많도다 그렇지 않으면 너희에게 일렀으리라 내가 너희를 위하여 거처를 예비하러 가노니

14:6 예수께서 이르시되 내가 곧 길이요 진리요 생명이니 나로 말미암지 않고는 아버지께로 올 자가 없느니라

14:12 내가 진실로 진실로 너희에게 이르노니 나를 믿는 자는 내가 하는 일을 그도 할 것이요 또한 그보다 큰 일도 하리니 이는 내가 아버지께로 감이라

14:13 너희가 내 이름으로 무엇을 구하든지 내가 행하리니 이는 아버지로 하여금 아들로 말미암아 영광을 받으시게 하려 함이라

14:16 내가 아버지께 구하겠으니 그가 또 다른 보혜사를 너희에게 주사 영원토록 너희와 함께 있게 하리니

14:22 가룟인 아닌 유다가 이르되 주여 어찌하여 자기를 우리에게는 나타내시고 세상에는 아니하려 하시나이까

14:25 내가 아직 너희와 함께 있어서 이 말을 너희에게 하였거니와

14:27 평안을 너희에게 끼치노니 곧 나의 평안을 너희에게 주노라 내가 너희에게 주는 것은 세상이 주는 것과 같지 아니하니라 너희는 마음에 근심하지도 말고 두려워하지도 말라

오늘의 찬양
찬송가 43장 | 즐겁게 안식할 날

맥체인성경365
498p

말씀 연결 부르심 (잠 11, 엡 4)

잠언 11장 | 정직으로 부르심

11:1 속이는 저울은 여호와께서 미워하시나 공평한 추는 그가 기뻐하시느니라

11:13 두루 다니며 한담하는 자는 남의 비밀을 누설하나 마음이 신실한 자는 그
런 것을 숨기느니라

11:14 지략이 없으면 백성이 망하여도 지략이 많으면 평안을 누리느니라

11:22 아름다운 여인이 삼가지 아니하는 것은 마치 돼지 코에 금 고리 같으니라

11:29 자기 집을 해롭게 하는 자의 소득은 바람이라 미련한 자는 마음이 지혜로
운 자의 종이 되리라

에베소서 4장 | 부르심에 합당한 삶

4:4 몸이 하나요 성령도 한 분이시니 이와 같이 너희가 부르심의 한 소망 안에서 부
르심을 받았느니라

4:11 그가 어떤 사람은 사도로, 어떤 사람은 선지자로, 어떤 사람은 복음 전하는 자
로, 어떤 사람은 목사와 교사로 삼으셨으니

4:14 이는 우리가 이제부터 어린 아이가 되지 아니하여 사람의 속임수와 간사한
유혹에 빠져 온갖 교훈의 풍조에 밀려 요동하지 않게 하려 함이라

4:17 그러므로 내가 이것을 말하며 주 안에서 증언하노니 이제부터 너희는 이방인
이 그 마음의 허망한 것으로 행함 같이 행하지 말라

4:22 너희는 유혹의 욕심을 따라 썩어져 가는 구습을 따르는 옛 사람을 벗어 버리
고

4:24 하나님을 따라 의와 진리의 거룩함으로 지으심을 받은 새 사람을 입으라

4:27 마귀에게 틈을 주지 말라

더 깊은 묵상

하나님의 백성, 하나님의 자녀는 부르심에 순종하는 삶입니다. 출애굽기에서 하나님은 이스라엘 백성들에게 각자 마음에 원하는 대로 하나님께 드려서 성막을 지으라고 부르십니다. 그러자 마음에 감동된 모든 자가 자원하여 여호와께 드렸습니다. 그렇게 하나님의 부르심에 순종하여 나온 브살렐에게 하나님의 영으로 지혜와 총명과 지식이 충만하게 하십니다.

성경은 우리에게 부르심에 합당한 삶을 살 것을 말씀하고 있습니다. "너희가 부르심을 받은 일에 합당하게 행하여 모든 겸손과 온유로 하고 오래 참음으로 사랑 가운데서 서로 용납하고 평안의 매는 줄로 성령이 하나 되게 하신 것을 힘써 지키라 몸이 하나요 성령도 한 분이시니 이와 같이 너희가 부르심의 한 소망 안에서 부르심을 받았느니라"(엡 4:1-4). 우리는 한 소망 안에서 부르심을 받은 사람들입니다. 그러므로 우리는 부르심대로 모든 겸손과 온유로 하고 오래 참음으로 사랑 가운데서 서로 용납하고 평안의 매는 줄로 성령이 하나 되게 하신 것을 힘써 지키며 살아야 합니다.

우리가 부르심에 합당한 삶을 살고자 할 때 "보혜사 곧 아버지께서 내 이름으로 보내실 성령 그가 너희에게 모든 것을 가르치고 내가 너희에게 말한 모든 것을 생각나게 하리라"(요 14:26)라고 약속하시고 있습니다.

하나님이 우리에게 소명을 주시려고 부르실 때 간혹 망설이거나 두려움에 빠지기도 합니다. 그러나 하나님이 우리를 부르실 때는 부르심을 감당할 능력과 지혜도 함께 주시기 때문에 그럴 필요가 없습니다.

말씀묵상

세상과 죄는 사망으로 부르지만, 하나님은 생명으로 부르십니다. 하나님의 부르심은 우리의 분량에 맞는 합당한 부르심입니다. 그 부르심의 자리에서 온전히 순종할 때 생명을 누리게 됩니다.

말씀적용 오늘의 감사

말씀적용

오늘의 감사

믿음으로 감사

소망으로 감사

사랑으로 감사

말씀암송

엡 4:24 하나님을 따라 [ ]와 [ ][ ]의 거룩함으로 지으심을 받은 새 사람을 입으라

말씀기도

❶ 성령이 하나 되게 하신 것을 힘써 지키는 순종의 역사가 삶 속에서 나타날 수 있도록 하소서.

❷ 성령께서 함께하셔서 하나님의 뜻을 분별하게 하시고 지혜롭게 하여 주소서.

❸ 그리스도의 선물의 분량대로 부르셨음을 기억하고 그 부르심에 합당한 삶을 살게 도와 주소서.

말씀배경 지식

잠언 11장 13절
이웃에 대한 의무에 대해 말하고 있다. 이웃을 속이지 말 것, 이웃에게 신실하게 행할 것, 이웃에게 자비와 긍휼을 베풀 것, 이웃과 더불어 화평을 도모할 것, 이웃에게 좋은 친구가 될 것이다.

84 일차 / 365

3월 25일

남음, 열매

출애굽기 36장 | 요한복음 15장 | 잠언 12장 | 에베소서 5장

말씀 연결 헌신과 열매 (출 36, 요 15)

출애굽기 36장 | 남음이 있는 헌신

36:1 브살렐과 오홀리압과 및 마음이 지혜로운 사람 곧 여호와께서 지혜와 총
명을 부으사 성소에 쓸 모든 일을 할 줄 알게 하신 자들은 모두 여호와께서 명령
하신 대로 할 것이니라

36:5 모세에게 말하여 이르되 백성이 너무 많이 가져오므로 여호와께서 명령하
신 일에 쓰기에 남음이 있나이다

36:7 있는 재료가 모든 일을 하기에 넉넉하여 남음이 있었더라

요한복음 15장 | 예수 안에 거함으로 맺은 열매

15:1 나는 참포도나무요 내 아버지는 농부라

15:24 내가 아무도 못한 일을 그들 중에서 하지 아니하였더라면 그들에게 죄가
없었으려니와 지금은 그들이 나와 내 아버지를 보았고 또 미워하였도다

15:25 그러나 이는 그들의 율법에 기록된 바 그들이 이유 없이 나를 미워하였다
한 말을 응하게 하려 함이라

15:26 내가 아버지께로부터 너희에게 보낼 보혜사 곧 아버지께로부터 나오시는
진리의 성령이 오실 때에 그가 나를 증언하실 것이요

오늘의 찬양
찬송가 330장 | 어둔 밤 쉬 되리니

맥체인성경365
504p

말씀 연결 부지런함으로 행함 (잠 12, 엡 5)

잠언 12장 | 부지런함

12:1 훈계를 좋아하는 자는 지식을 좋아하거니와 징계를 싫어하는 자는 짐승과 같으니라

12:4 어진 여인은 그 지아비의 면류관이나 욕을 끼치는 여인은 그 지아비의 뼈가 썩음 같게 하느니라

12:9 비천히 여김을 받을지라도 종을 부리는 자는 스스로 높은 체하고도 음식이 핍절한 자보다 나으니라

12:12 악인은 불의의 이익을 탐하나 의인은 그 뿌리로 말미암아 결실하느니라

12:14 사람은 입의 열매로 말미암아 복록에 족하며 그 손이 행하는 대로 자기가 받느니라

12:21 의인에게는 어떤 재앙도 임하지 아니하려니와 악인에게는 앙화가 가득하리라

12:23 슬기로운 자는 지식을 감추어도 미련한 자의 마음은 미련한 것을 전파하느니라

에베소서 5장 | 사랑 가운데 행함

5:2 그리스도께서 너희를 사랑하신 것 같이 너희도 사랑 가운데서 행하라 그는 우
리를 위하여 자신을 버리사 향기로운 제물과 희생제물로 하나님께 드리셨느니라

5:12 그들이 은밀히 행하는 것들은 말하기도 부끄러운 것들이라

5:14 그러므로 이르시기를 잠자는 자여 깨어서 죽은 자들 가운데서 일어나라 그리
스도께서 너에게 비추이시리라 하셨느니라

5:16 세월을 아끼라 때가 악하니라

5:25 남편들아 아내 사랑하기를 그리스도께서 교회를 사랑하시고 그 교회를 위하
여 자신을 주심 같이 하라

5:26 이는 곧 물로 씻어 말씀으로 깨끗하게 하사 거룩하게 하시고

5:32 이 비밀이 크도다 나는 그리스도와 교회에 대하여 말하노라

더 깊은 묵상

출애굽기에서는 하나님의 성막을 짓는데 백성들이 풍성하게 가져오므로 넉넉하게 남았다는 것을 말씀해주십니다. "백성이 너무 많이 가져오므로 여호와께서 명령하신 일에 쓰기에 남음이 있나이다"(출 36:5).

하나님의 백성들은 은혜로 말미암아 풍성함을 누리고 살아야 합니다. 풍성한 사랑을 받은 사람이 풍성한 사랑을 나눌 줄도 압니다. 어려울 때 하나님의 사람들을 통해 도움을 받은 사람이 다른 사람의 어려움에 기꺼이 손 내밀 줄 압니다. 받아보았기 때문에 줄 줄도 아는 것입니다.

이런 풍성함의 원리에 대해 "나는 포도나무요 너희는 가지라 그가 내 안에, 내가 그 안에 거하면 사람이 열매를 많이 맺나니 나를 떠나서는 너희가 아무 것도 할 수 없음이라"(요 15:5)라고 말씀하십니다. 우리가 풍성한 열매를 맺으려면 참 포도나무이신 예수님께 닿은 가지이어야 합니다. 예수님이 우리 안에 거하시고 우리가 예수님 안에 거하면 풍성한 열매를 맺습니다. 물론 이 열매는 물질적인 축복이나 건강, 세상에서의 성공을 이야기하는 것이 아닙니다. 그보다는 풍성한 나눔의 열매를 의미합니다.

에베소서는 "그리스도께서 너희를 사랑하신 것 같이 너희도 사랑 가운데서 행하라 그는 우리를 위하여 자신을 버리사 향기로운 제물과 희생제물로 하나님께 드리셨느니라"(엡 5:2)라고 말씀하십니다. 예수님께서 우리에게 바라시는 것은 예수님이 우리를 사랑하신 것처럼 우리도 사랑 가운데서 행하는 것입니다. 그것이 예수님이 우리를 위해 십자가에서 향기로운 희생 제물로 돌아가신 이유이기 때문입니다.

"너희가 전에는 어둠이더니 이제는 주 안에서 빛이라 빛의 자녀들처럼 행하라"(요 15:8). 예수님을 알기 전에는 우리는 어둠의 자녀들이었습니다. 그러나 예수님이 우리에게 오셔서 빛을 밝혀주심으로 빛의 자녀가 되었습니다. 그 빛은 사랑입니다.

말씀묵상

멸망은 욕심으로부터 옵니다. 자기 땅을 경작할 때 남음이 있음을 기억하며 경계를 넘어서지 말아야 합니다. 경계를 넘어서는 것은 탐욕으로부터 말미암는 것입니다.

말씀적용 오늘의 감사

말씀적용

오늘의 감사

믿음으로 감사

소망으로 감사

사랑으로 감사

말씀배경 지식

나는 포도나무요 너희는 가지라 (요 15:5)

예수님은 포도나무와 가지를 비유를 들어 자신과 제자들과의 관계를 일깨우신다. 포도나무인 예수님께서 가지 된 제자들의 삶에 풍성한 열매를 맺게 하시는 생명의 원동력임을 교훈하고 있다.

말씀암송

잠 12:1 ☐☐를 좋아하는 자는 ☐☐을 좋아하거니와 징계를 싫어하는 자는 짐승과 같으니라

말씀기도

❶ 주님께 받은 풍성한 은혜를 주변에 나누는 통로가 되게 하소서.

❷ 내가 주 안에 거하고 주께서 내 안에 거하심으로 풍성한 열매 맺는 삶을 살게 하소서.

❸ 어두워진 세상에 촛불 같은 주의 자녀로 살게 하여 주소서.

85 일차 365

3월 26일

안팎의 무장

출애굽기 37장 | 요한복음 16장 | 잠언 13장 | 에베소서 6장

말씀 연결 순금과 성령으로 무장 (출 37, 요 16)

출애굽기 37장 | 순금으로 밖을 무장

37:16 상 위의 기구 곧 대접과 숟가락과 잔과 따르는 병을 순금으로 만들었더라

37:17 그가 또 순금으로 등잔대를 만들되 그것을 쳐서 만들었으니 그 밑판과 줄기와 잔과 꽃받침과 꽃이 그것과 한 덩이로 되었고

37:23 등잔 일곱과 그 불 집게와 불 똥 그릇을 순금으로 만들었으니

37:25 그가 또 조각목으로 분향할 제단을 만들었으니 길이는 한 규빗이요 너비도 한 규빗이라 네모가 반듯하고 높이는 두 규빗이며 그 뿔들이 제단과 연결되었으며

요한복음 16장 | 성령으로 안을 무장

16:8 그가 와서 죄에 대하여, 의에 대하여, 심판에 대하여 세상을 책망하시리라

16:11 심판에 대하여라 함은 이 세상 임금이 심판을 받았음이라

16:13 그러나 진리의 성령이 오시면 그가 너희를 모든 진리 가운데로 인도하시리니 그가 스스로 말하지 않고 오직 들은 것을 말하며 장래 일을 너희에게 알리시리라

16:15 무릇 아버지께 있는 것은 다 내 것이라 그러므로 내가 말하기를 그가 내 것을 가지고 너희에게 알리시리라 하였노라

16:19 예수께서 그 묻고자 함을 아시고 이르시되 내 말이 조금 있으면 나를 보지 못하겠고 또 조금 있으면 나를 보리라 하므로 서로 문의하느냐

16:20 내가 진실로 진실로 너희에게 이르노니 너희는 곡하고 애통하겠으나 세상은 기뻐하리라 너희는 근심하겠으나 너희 근심이 도리어 기쁨이 되리라

16:32 보라 너희가 다 각각 제 곳으로 흩어지고 나를 혼자 둘 때가 오나니 벌써 왔도다 그러나 내가 혼자 있는 것이 아니라 아버지께서 나와 함께 계시느니라

16:33 이것을 너희에게 이르는 것은 너희로 내 안에서 평안을 누리게 하려 함이라 세상에서는 너희가 환난을 당하나 담대하라 내가 세상을 이기었노라

오늘의 찬양

찬송가 199장 | 나의 사랑하는 책

맥체인성경365
509p

말씀 연결 들음과 무장 (잠 13, 엡 6)

잠언 13장 | 훈계를 들음

13:7 스스로 부한 체하여도 아무 것도 없는 자가 있고 스스로 가난한 체하여도
재물이 많은 자가 있느니라

13:17 악한 사자는 재앙에 빠져도 충성된 사신은 양약이 되느니라

13:20 지혜로운 자와 동행하면 지혜를 얻고 미련한 자와 사귀면 해를 받느니라

13:24 매를 아끼는 자는 그의 자식을 미워함이라 자식을 사랑하는 자는 근실히
징계하느니라

에베소서 6장 | 전신갑주의 무장

6:11 마귀의 간계를 능히 대적하기 위하여 하나님의 전신 갑주를 입으라

6:20 이 일을 위하여 내가 쇠사슬에 매인 사신이 된 것은 나로 이 일에 당연히 할
말을 담대히 하게 하려 하심이라

6:21 나의 사정 곧 내가 무엇을 하는지 너희에게도 알리려 하노니 사랑을 받은 형
제요 주 안에서 진실한 일꾼인 두기고가 모든 일을 너희에게 알리리라

6:22 우리 사정을 알리고 또 너희 마음을 위로하기 위하여 내가 특별히 그를 너희
에게 보내었노라

더 깊은 묵상

출애굽기 37장에서는 성막과 언약궤 만드는 것을 보여줍니다. 언약궤의 바깥쪽을 순금으로 싸고, 속죄소와 그룹도 순금으로 만듭니다. 그밖에도 조각상과 대접, 등잔대 등도 순금으로 만들었습니다. 성막과 언약궤는 하나님의 임재를 상징하는 곳으로 권능과 거룩하심을 나타내는 순금으로 만들었습니다.

지금 하나님께서 임재하는 곳은 우리 자신과 우리가 모여있는 교회 공동체입니다. 하나님은 우리가 하나님의 자녀로서 정의와 평화를 행할 때와 교회 공동체가 하나님 나라를 만들 때 임재하십니다. 그러므로 언약궤 등을 순금으로 감싸는 것처럼 우리도 자신을 정금 같은 믿음으로 감싸야 합니다.

에베소서 6장에서는 거듭하여 하나님의 전신갑주를 입으라고 말씀하고 있습니다. 하나님의 전신갑주는 진리의 허리띠, 의의 호심경, 복음의 신발, 믿음의 방패, 구원의 투구와 성령의 검, 곧 하나님의 말씀입니다. 진리와 공의와 복음과 믿음과 구원과 성령, 하나님의 말씀이 바로 우리의 전신갑주입니다.

요한복음에서도 예수님은 진리의 성령이 오시면 그가 너희를 모든 진리 가운데로 인도하시리니 그가 스스로 말하지 않고 오직 들은 것을 말하며 장래 일을 너희에게 알리시리라고 말씀하십니다. 그리고 "이것을 너희에게 이르는 것은 너희로 내 안에서 평안을 누리게 하려 함이라 세상에서는 너희가 환난을 당하나 담대하라 내가 세상을 이기었노라"(요 16:33)라고 하십니다. 우리가 하나님의 자녀로 공의와 진리를 전하다 보면 세상의 불의와 거짓으로부터 핍박을 받고 환난을 당할 수 있습니다. 그때 우리가 담대할 수 있는 것은 예수님께서 이미 세상을 이기셨기 때문입니다. 하나님의 전신갑주를 입고 담대하게 세상의 불의와 거짓에 맞서 싸워야 합니다.

잠언에서도 "공의는 행실이 정직한 자를 보호하고 악은 죄인을 패망하게 하느니라"(잠 13:6)라고 말씀하고 있습니다. "의인의 빛은 환하게 빛나고 악인의 등불은 꺼지느니라"(잠 13:9). 우리가 하나님의 공의와 진리 편에 서 있으면 지금은 환난을 당할지라도 최후에는 승리하게 됩니다. 하나님의 공의와 진리가 있는 그곳이 바로 하나님께서 임재하는 곳이기 때문입니다.

말씀묵상

이스라엘 군인들은 휴가 중에도 무장을 하고 거리를 다닙니다. 그 이유는 항상 적으로부터 자신과 국가를 지키기 위해서입니다. 하나님 나라의 군사인 성도는 안팎으로 무장해야 합니다.

말씀적용 오늘의 감사

말씀적용

오늘의 감사

믿음으로 감사

소망으로 감사

사랑으로 감사

말씀암송

잠 13:20 [ ][ ]로운 자와 동행하면 [ ][ ]를 얻고 미련한 자와 사귀면 [ ]를 받느니라

말씀기도

❶ 환난을 당할지라도 하나님의 공의와 진리의 편에 설 수 있도록 붙들어 주소서.

❷ 환난을 받을 때 하나님께서 주실 하늘의 축복과 평안을 소망하고 경험하게 하소서.

❸ 진리로 허리띠를 두르고 믿음의 방패를 들고 성령의 검을 들고 싸워 승리하게 하소서.

말씀배경 지식

채를 궤 양쪽 고리에 꿰어 (출 37:5)

궤의 금고리에는 항상 채가 꿰어져 있어서 이동할 때마다 새로 채를 꿸 필요가 없었다. 이는 법궤를 이동하는 중에도 거룩한 성물에 손을 대지 않기 위함이었는데 성물에 손을 대는 자는 하나님의 진노로 죽임을 당했다. 진설병 상이나 분향단, 번제단 등의 다른 성물들도 고리에 채가 꿰어진 채 보관되었다.

86 일차/365

3월 27일

그리스도의 복음에 합당한 삶

출애굽기 38장 | 요한복음 17장 | 잠언 14장 | 빌립보서 1장

말씀 연결 명령과 기도 (출 38, 요 17)

출애굽기 38장 | 명령대로 완수함

38:1 그가 또 조각목으로 번제단을 만들었으니 길이는 다섯 규빗이요 너비도 다섯 규빗이라 네모가 반듯하고 높이는 세 규빗이며

38:8 그가 놋으로 물두멍을 만들고 그 받침도 놋으로 하였으니 곧 회막 문에서 수종드는 여인들의 거울로 만들었더라

38:9 그가 또 뜰을 만들었으니 남으로 뜰의 남쪽에는 세마포 포장이 백 규빗이라

38:24 성소 건축 비용으로 들인 금은 성소의 세겔로 스물아홉 달란트와 칠백삼십 세겔이며

38:26 계수된 자가 이십 세 이상으로 육십만 삼천오백오십 명인즉 성소의 세겔로 각 사람에게 은 한 베가 곧 반 세겔씩이라

요한복음 17장 | 예수님의 기도를 이룸

17:1 예수께서 이 말씀을 하시고 눈을 들어 하늘을 우러러 이르시되 아버지여 때가 이르렀사오니 아들을 영화롭게 하사 아들로 아버지를 영화롭게 하게 하옵소서

17:5 아버지여 창세 전에 내가 아버지와 함께 가졌던 영화로써 지금도 아버지와 함께 나를 영화롭게 하옵소서

17:6 세상 중에서 내게 주신 사람들에게 내가 아버지의 이름을 나타내었나이다 그들은 아버지의 것이었는데 내게 주셨으며 그들은 아버지의 말씀을 지키었나이다

17:12 내가 그들과 함께 있을 때에 내게 주신 아버지의 이름으로 그들을 보전하고 지키었나이다 그 중의 하나도 멸망하지 않고 다만 멸망의 자식뿐이오니 이는 성경을 응하게 함이니이다

17:23 곧 내가 그들 안에 있고 아버지께서 내 안에 계시어 그들로 온전함을 이루어 하나가 되게 하려 함은 아버지께서 나를 보내신 것과 또 나를 사랑하심 같이 그들도 사랑하신 것을 세상으로 알게 하려 함이로소이다

17:24 아버지여 내게 주신 자도 나 있는 곳에 나와 함께 있어 아버지께서 창세 전부터 나를 사랑하시므로 내게 주신 나의 영광을 그들로 보게 하시기를 원하옵나이다

오늘의 찬양
찬송가 50장 | 내게 있는 모든 것을

맥체인성경365
514p

말씀 연결 행함과 삶 (잠 14, 빌 1)

잠언 14장 | 정직하게 행함

14:4 소가 없으면 구유는 깨끗하려니와 소의 힘으로 얻는 것이 많으니라

14:5 신실한 증인은 거짓말을 아니하여도 거짓 증인은 거짓말을 뱉느니라

14:7 너는 미련한 자의 앞을 떠나라 그 입술에 지식 있음을 보지 못함이니라

14:9 미련한 자는 죄를 심상히 여겨도 정직한 자 중에는 은혜가 있느니라

14:21 이웃을 업신여기는 자는 죄를 범하는 자요 빈곤한 자를 불쌍히 여기는 자
는 복이 있는 자니라

14:28 백성이 많은 것은 왕의 영광이요 백성이 적은 것은 주권자의 패망이니라

14:34 공의는 나라를 영화롭게 하고 죄는 백성을 욕되게 하느니라

빌립보서 1장 | 그리스도를 존귀하게 하는 삶

1:6 너희 안에서 착한 일을 시작하신 이가 그리스도 예수의 날까지 이루실 줄을 우
리는 확신하노라

1:8 내가 예수 그리스도의 심장으로 너희 무리를 얼마나 사모하는지 하나님이 내
증인이시니라

1:12 형제들아 내가 당한 일이 도리어 복음 전파에 진전이 된 줄을 너희가 알기를
원하노라

1:13 이러므로 나의 매임이 그리스도 안에서 모든 시위대 안과 그 밖의 모든 사람
에게 나타났으니

1:19 이것이 너희의 간구와 예수 그리스도의 성령의 도우심으로 나를 구원에 이르
게 할 줄 아는 고로

1:22 그러나 만일 육신으로 사는 이것이 내 일의 열매일진대 무엇을 택해야 할는
지 나는 알지 못하노라

1:23 내가 그 둘 사이에 끼었으니 차라리 세상을 떠나서 그리스도와 함께 있는 것
이 훨씬 더 좋은 일이라 그렇게 하고 싶으나

1:26 내가 다시 너희와 같이 있음으로 그리스도 예수 안에서 너희 자랑이 나로 말
미암아 풍성하게 하려 함이라

더 깊은 묵상

만약 나를 향하신 하나님의 뜻과 계획이 무엇인지 알 수 있다면 신앙생활과 일상생활이 얼마나 좋아질까 하는 생각을 해봅니다. 우리에게 향하신 하나님의 뜻이 무엇인지 몰라서 답답하거나 궁금해할 때 성경은 우리에게 잘 모르는 것을 답답해하지 말고 이미 하나님께서 명백하게 말씀하신 것들에 순종하며 살라고 말씀하십니다.

성경은 분명하게 말씀하고 있습니다. "오직 너희는 그리스도의 복음에 합당하게 생활하라"(빌 1:27). "가난한 사람을 학대하는 자는 그를 지으신 이를 멸시하는 자요 궁핍한 사람을 불쌍히 여기는 자는 주를 공경하는 자니라"(잠 14:31). 믿음은 이렇게 하나님이 명백하게 명령하신 말씀에 순종하는 삶입니다.

오늘 말씀도 이렇게 순종하는 모습을 보여줍니다. 성막을 짓는 책임을 맡았던 브살렐은 여호와께서 모세에게 명령하신 모든 것을 만들었습니다(출 38:22). 심지어 예수님조차도 "아버지께서 주신 일을 내가 이루어 아버지를 이 세상에서 영화롭게 하였습니다"(요 17:4)라고 말씀하십니다. 구약에서도 신약에서도 하나님의 말씀에 순종하는 삶이 참 신앙의 삶이라는 것을 거듭하여 말씀해주고 있습니다.

성경이 지금 다시 한번 우리에게 말씀합니다. "오직 너희는 그리스도의 복음에 합당하게 생활하라"(빌 1:27). 지금은 브살렐과 예수님처럼 우리가 하나님의 말씀에 순종할 때입니다.

말씀묵상

성도는 복음으로 새생명을 얻은 자입니다. 그러므로 복음에 합당한 삶을 살아야 합니다. 세상에 있는 것들을 사랑하는 것은 복음에 합당하지 않습니다. 오직 말씀이 기준이 되도록 해야 합니다.

말씀적용 오늘의 감사

말씀적용

오늘의 감사

믿음으로 감사

소망으로 감사

사랑으로 감사

말씀암송

빌 1:6 너희 안에서 □□ 일을 시작하신 이가 그리스도 예수의 날까지 이루실 줄을 우리는 □□하노라

말씀기도

❶ 주님이 명령하신 것을 기억하며 주님의 뜻을 이루기에 힘쓰며 행하게 하소서.
❷ 늘 주님 앞에서 정직하며 가난한 자 앞에서 겸손한 삶을 살게 하소서.
❸ 살든지 죽든지 오직 그리스도의 영광을 위해 사는 삶이 되게 하소서.

말씀배경 지식

빌립보 (빌 1:1)
빌립보는 마게도냐주 동쪽에 있는 상업, 무역, 문화의 중심지이다. 알렉산더의 부왕 빌립 2세가 세웠다. 바울의 2차 선교 여행 때 복음을 들은 자색 옷감 장사 루디아의 후원으로 유럽 최초의 교회가 세워진 도시이다.

근심을 잊지 못하는 습관에서 벗어나라

근심을 잊지 못하는 습관에서 벗어나라.
어떠한 손실을 회복하려고 애쓰지 말라.

도박꾼이 많은 돈을 되찾으려다
더 크게 손실을 보듯이 점점 회복하기
어려운 늪에 빠지게 된다.
하나의 손실을 하나로써 끝내게 하는 것이
가장 현명한 일이다.

만일 당신의 가슴에서
어떤 근심이나 분함이나 원한이나
애석한 마음이 떠나지 않는다면
그때는 고요히 가슴에 손을 얹고
스스로 물어보라.

과연 그 일이 얼마만한 가치를 가진 일인가.
오래 마음 속에 썩힐 만한 가치가 있는 일인가.
근심하고 원망함으로써 좋은 상태가
다시 올 것인가.

당신은 당신의 생활을 평화롭고 유익하게
전개하고 싶지는 않은가.
그렇다면 그 근심과 분하다는 감정에서
될 수 있는 한 속히 벗어나라.

왜냐하면 당신의 귀중한 오늘과 내일을
그것으로 망치지 말아야 하기 때문이다.

좋은글 모음 160가지 / 문예의 전당

87 일차/365

3월 28일

여호와께 성결

출애굽기 39장 | 요한복음 18장 | 잠언 15장 | 빌립보서 2장

말씀 연결 명령, 주신 잔 (출 39, 요 18)

출애굽기 39장 | 명령하신대로 함

39:6 그들은 또 호마노를 깎아 금 테에 물려 도장을 새김 같이 이스라엘의 아들
들의 이름을 그것에 새겨

39:8 그가 또 흉패를 정교하게 짜되 에봇과 같은 모양으로 금 실과 청색 자색 홍
색 실과 가늘게 꼰 베 실로 하였으니

39:10 그것에 네 줄 보석을 물렸으니 곧 홍보석 황옥 녹주옥이 첫 줄이요

39:21 청색 끈으로 흉패 고리와 에봇 고리에 꿰어 흉패로 정교하게 짠 에봇 띠
위에 붙여서 에봇에서 벗어지지 않게 하였으니 여호와께서 모세에게 명령하신
대로 하였더라

39:25 순금으로 방울을 만들어 그 옷 가장자리로 돌아가며 석류 사이사이에 달되

39:30 그들이 또 순금으로 거룩한 패를 만들고 도장을 새김 같이 그 위에 '여호
와께 성결'이라 새기고

요한복음 18장 | 주신 잔을 마심

18:1 예수께서 이 말씀을 하시고 제자들과 함께 기드론 시내 건너편으로 나가시
니 그 곳에 동산이 있는데 제자들과 함께 들어가시니라

18:11 예수께서 베드로더러 이르시되 칼을 칼집에 꽂으라 아버지께서 주신 잔을
내가 마시지 아니하겠느냐 하시니라

18:12 이에 군대와 천부장과 유대인의 아랫사람들이 예수를 잡아 결박하여

18:22 이 말씀을 하시매 곁에 섰던 아랫사람 하나가 손으로 예수를 쳐 이르되 네
가 대제사장에게 이같이 대답하느냐 하니

18:24 안나스가 예수를 결박한 그대로 대제사장 가야바에게 보내니라

18:27 이에 베드로가 또 부인하니 곧 닭이 울더라

18:28 그들이 예수를 가야바에게서 관정으로 끌고 가니 새벽이라 그들은 더럽힘
을 받지 아니하고 유월절 잔치를 먹고자 하여 관정에 들어가지 아니하더라

18:30 대답하여 이르되 이 사람이 행악자가 아니었더라면 우리가 당신에게 넘기
지 아니하였겠나이다

오늘의 찬양

찬송가 25장 | 면류관 벗어서

맥체인성경365
520p

말씀 연결 성결과 그리스도의 마음 (잠 15, 빌 2)

잠언 15장 | 말에서의 성결

15:4 온순한 혀는 곧 생명 나무이지만 패역한 혀는 마음을 상하게 하느니라

15:7 지혜로운 자의 입술은 지식을 전파하여도 미련한 자의 마음은 정함이 없느니라

15:11 스올과 아바돈도 여호와의 앞에 드러나거든 하물며 사람의 마음이리요

15:15 고난 받는 자는 그 날이 다 험악하나 마음이 즐거운 자는 항상 잔치하느니라

15:19 게으른 자의 길은 가시 울타리 같으나 정직한 자의 길은 대로니라

빌립보서 2장 | 그리스도의 마음을 품음

2:8 사람의 모양으로 나타나사 자기를 낮추시고 죽기까지 복종하셨으니 곧 십자가에 죽으심이라

2:15 이는 너희가 흠이 없고 순전하여 어그러지고 거스르는 세대 가운데서 하나님의 흠 없는 자녀로 세상에서 그들 가운데 빛들로 나타내며

2:17 만일 너희 믿음의 제물과 섬김 위에 내가 나를 전제로 드릴지라도 나는 기뻐하고 너희 무리와 함께 기뻐하리니

2:20 이는 뜻을 같이하여 너희 사정을 진실히 생각할 자가 이밖에 내게 없음이라

더 깊은 묵상

오늘 묵상하는 출애굽기에서는 "여호와께서 모세에게 명령하신 대로 하였더라"라는 말씀이 반복하여 나옵니다. 그리고 하나님의 명령에 순종한 결과는 축복이었습니다. "모세가 그 마친 모든 것을 본즉 여호와께서 명령하신 대로 되었으므로 모세가 그들에게 축복하였더라"(출 39:43).

하나님께서 명령하신 대로 순종하기만 하면 하나님께서 축복을 주십니다. 그런데 실제 우리들의 신앙생활은 생각처럼 쉽지 않습니다. 생각지도 않았던 고난의 순간들이 찾아오고, 고통의 시간을 보내야 하기도 합니다. 그것은 하나님의 말씀에 순종하려면 세상과 맞서 싸워야 하는 순간이 있기 때문입니다. 이것은 믿는 사람들의 숙명일지도 모릅니다. 하나님의 말씀을 붙들고 세상의 불의에 맞서 싸워야 하는 것은 그리스도인이라면 당연한 일입니다.

그리고 하나님의 말씀에 순종하려고 하면서도 동시에 하나님의 말씀을 거역하려고 하는 육신의 죄악들과 싸워야 하기 때문입니다. 육신의 정욕을 따르는 것은 하나님의 말씀을 따르는 것보다 쉽고 달콤합니다. 하나님의 공의와 진리를 한 번만 모른 척하면 세상적인 성공의 길이 열리기도 합니다. 육신의 쾌락을 한번 좇기 시작하면 그 달콤함이 하나님의 말씀을 덮어버리고 맙니다.

우리가 하나님의 말씀에 순종하지 않는 것은 하나님의 말씀과 뜻을 몰라서가 아니라 우리 안에 두 마음을 품었기 때문입니다. 하나님의 말씀을 따르고는 싶은데 세상이 주는 유혹도 만만치 않으니 한 손으로는 말씀을 다른 한 손으로는 세상의 유혹을 모두 붙잡고 싶어집니다.

그러나 빌립보서 말씀은 우리에게 한 마음 만을 품을 것을 이야기합니다. "너희 안에 이 마음을 품으라 곧 그리스도 예수의 마음이니"(빌 2:5). 우리의 마음이 그리스도 예수의 마음에 잇대어 있을 때 세상의 유혹을 이길 수 있습니다. 우리가 여호와께 성결해질 수 있는 것은 우리 안에 그리스도 예수의 마음이 있을 때입니다.

우리가 진리 안에 있으면 예수님의 음성을 들을 수 있습니다. "진리에 속한 자는 내 음성을 듣느니라"(요 18:37). 우리의 마음에서 하나님의 말씀이 점점 멀어지고 우리의 귀에서 예수님의 음성이 점점 사라져가고 있다면 그것은 진리에서 점점 멀어지고 있기 때문일 것입니다.

말씀묵상

성도의 성결은 육체적 성결에만 있지 않습니다. 삶으로 고백하는 성결을 이루어야 합니다. 그것은 예수 그리스도께서 영원한 왕이심을 변치 않고 고백하는 것입니다.

말씀적용 오늘의 감사

말씀적용

오늘의 감사

믿음으로 감사

소망으로 감사

사랑으로 감사

말씀암송

빌 2:8 [ ][ ]의 모양으로 나타나사 자기를 낮추시고 죽기까지 복종하셨으니 곧 [ ][ ][ ]에 죽으심이라

말씀기도

❶ 하나님의 말씀에 순종하는 삶을 살 수 있게 도와주소서.
❷ 내 안에 그리스도의 마음을 품어 성결한 삶이 되게 하소서.
❸ 내 안에 평화와 사랑의 말이 가득하여 사람들을 위로하게 하소서.

말씀배경 지식

에바브로디도 (빌 2:25)

에바브로디도는 빌립보 교인들이 옥에 갇힌 바울을 위해 모금한 돈을 바울에게 전달한 자이다. 병이 들기까지 옥중에서 바울을 도왔고, 몸이 회복된 뒤에는 이 서신을 빌립보 교회에 전달하였다.

88 일차/365

다 이룸

3월 29일

출애굽기 40장 | 요한복음 19장 | 잠언 16장 | 빌립보서 3장

말씀 연결 충만과 다 이루심 (출 40, 요 19)

출애굽기 40장 | 여호와의 영광이 충만함

40:2 너는 첫째 달 초하루에 성막 곧 회막을 세우고

40:3 또 증거궤를 들여놓고 또 휘장으로 그 궤를 가리고

40:17 둘째 해 첫째 달 곧 그 달 초하루에 성막을 세우니라

40:25 또 여호와 앞에 등잔대에 불을 켜니 여호와께서 모세에게 명령하신 대로
되니라

40:36 구름이 성막 위에서 떠오를 때에는 이스라엘 자손이 그 모든 행진하는 길
에 앞으로 나아갔고

요한복음 19장 | 십자가로 다 이루심

19:1 이에 빌라도가 예수를 데려다가 채찍질하더라

19:12 이러하므로 빌라도가 예수를 놓으려고 힘썼으나 유대인들이 소리 질러 이
르되 이 사람을 놓으면 가이사의 충신이 아니니이다 무릇 자기를 왕이라 하는 자
는 가이사를 반역하는 것이니이다

19:13 빌라도가 이 말을 듣고 예수를 끌고 나가서 돌을 깐 뜰(히브리 말로 가바다)
에 있는 재판석에 앉아 있더라

19:14 이 날은 유월절의 준비일이요 때는 제육시라 빌라도가 유대인들에게 이르
되 보라 너희 왕이로다

19:17 그들이 예수를 맡으매 예수께서 자기의 십자가를 지시고 해골(히브리 말로
골고다)이라 하는 곳에 나가시니

19:29 거기 신 포도주가 가득히 담긴 그릇이 있는지라 사람들이 신 포도주를 적신
해면을 우슬초에 매어 예수의 입에 대니

19:38 아리마대 사람 요셉은 예수의 제자이나 유대인이 두려워 그것을 숨기더니
이 일 후에 빌라도에게 예수의 시체를 가져가기를 구하매 빌라도가 허락하는지라
이에 가서 예수의 시체를 가져가니라

19:39 일찍이 예수께 밤에 찾아왔던 니고데모도 몰약과 침향 섞은 것을 백 리트라
쯤 가지고 온지라

오늘의 찬양
찬송가 600장 | 교회의 참된 터는

맥체인성경365
526p

말씀 연결 이루심과 부르심 (잠 16, 빌 3)

잠언 16장 | 여호와께서 이루심

16:1 마음의 경영은 사람에게 있어도 말의 응답은 여호와께로부터 나오느니라

16:12 악을 행하는 것은 왕들이 미워할 바니 이는 그 보좌가 공의로 말미암아 굳
게 섬이니라

16:21 마음이 지혜로운 자는 명철하다 일컬음을 받고 입이 선한 자는 남의 학식
을 더하게 하느니라

16:26 고되게 일하는 자는 식욕으로 말미암아 애쓰나니 이는 그의 입이 자기를
독촉함이니라

16:27 불량한 자는 악을 꾀하나니 그 입술에는 맹렬한 불 같은 것이 있느니라

16:31 백발은 영화의 면류관이라 공의로운 길에서 얻으리라

빌립보서 3장 | 부르신 부름의 상을 향해 달려감

3:3 하나님의 성령으로 봉사하며 그리스도 예수로 자랑하고 육체를 신뢰하지 아니
하는 우리가 곧 할례파라

3:8 또한 모든 것을 해로 여김은 내 주 그리스도 예수를 아는 지식이 가장 고상하기
때문이라 내가 그를 위하여 모든 것을 잃어버리고 배설물로 여김은 그리스도를 얻
고

3:14 푯대를 향하여 그리스도 예수 안에서 하나님이 위에서 부르신 부름의 상을 위
하여 달려가노라

3:20 그러나 우리의 시민권은 하늘에 있는지라 거기로부터 구원하는 자 곧 주 예수
그리스도를 기다리노니

더 깊은 묵상

성막과 언약궤가 완성되었습니다. 모든 것은 여호와께서 모세에게 명령하신대로 되었습니다. 그러자 구름이 회막에 덮이고 여호와의 영광이 성막에 충만하였습니다. 하나님의 말씀에 순종하자 하나님의 영광이 그 위에 임하십니다. 하나님의 말씀에 순종하는 백성들이 여호와 하나님의 이름으로 모인 곳에 하나님이 임재하셨습니다.

이스라엘 백성들이 여호와께서 모세에게 명하신 대로 성막과 언약궤를 만들었듯이 예수님께서도 하나님께서 예수님을 이 땅에 보내신 목적대로 모든 것을 이루셨습니다. 예수님이 이 땅에 오신 목적대로 하나님 나라에 대해 말씀해주셨고, 하나님 나라가 어떤 모습으로 이 땅 위에 실현될지 보여주셨고, 우리들의 죄를 대신해서 십자가에 못 박혀 돌아가심으로 죄와 죽음에서 구원해주셨습니다.

이스라엘 백성들은 출애굽을 하면서 하나님의 성막을 완성하였습니다. 예수님은 하나님의 속죄양으로서 십자가에 못 박혀 돌아가심으로 구원을 완성하셨습니다. 그러면 우리는 이 땅에 살아가는 동안 무엇을 이루어야 하겠습니까? 우리를 위한 꿈입니까? 아니면 하나님을 위한 꿈입니까? 이 세상을 떠나는 순간 사라져 없어질 것입니까? 아니면 하나님 나라에서 썩지 않는 상급으로 쌓여 있을 것입니까?

잠언은 “사람이 마음으로 자기의 길을 계획할지라도 그의 걸음을 인도하시는 이는 여호와시니라”(잠 16:9)라고 말씀하고 있습니다. 썩어 없어질 이 세상의 것이 아니라, 하나님 나라의 푯대를 향하여 그리스도 예수 안에서 하나님이 위에서 부르신 부름의 상을 위하여 달려가야(빌 3:14) 하겠습니다.

말씀묵상

세상에서 이루는 것은 가지는 것이고 정복하는 것입니다. 그러나 온전히 이루는 것은 죽는 것입니다. 예수 그리스도의 십자가에 죽으심은 온전한 이루심입니다.

말씀적용 오늘의 감사

말씀적용

오늘의 감사

믿음으로 감사

소망으로 감사

사랑으로 감사

말씀암송

빌 3:14 [ ][ ]를 향하여 그리스도 예수 안에서 하나님이 위에서 부르신 부름의 [ ]을 위하여 달려가노라

말씀기도

❶ 하나님 나라를 위해 내가 이루어야 할 것이 무엇인지 가르쳐 주소서.
❷ 주께서 부르신 부름의 상을 위해 달려가는 삶이 되게 하소서.
❸ 모든 것을 하나님께 맡기고 하나님과 동행하는 삶을 살게 하소서.

말씀배경 지식

채찍질 (요 19:1)
채찍질은 로마 형벌 중 하나이다. 예수께서 빌라도 법정에서 당하신 태형은 로마 형벌 가운데 매우 고통스러운 형벌이었다. 보통 수형자를 기둥에 묶거나 나무에 매달고 옷을 벗긴 다음 채찍으로 등을 때리는데, 채찍에는 납덩어리나 뾰족한 뼈가 달려 있었다. 그래서 채찍질이 가해지면 살점이 떨어져 나가고, 형을 받는 중에 죽는 경우도 있었다.

89 일차 365

평강

3월 30일

레위기 1장 | 요한복음 20장 | 잠언 17장 | 빌립보서 4장

말씀 연결 평강을 위한 선포 (레 1, 요 20)

레위기 1장 | 평강을 위한 제사

1:1 여호와께서 회막에서 모세를 부르시고 그에게 말씀하여 이르시되

1:2 이스라엘 자손에게 말하여 이르라 너희 중에 누구든지 여호와께 예물을 드리려거든 가축 중에서 소나 양으로 예물을 드릴지니라

1:3 그 예물이 소의 번제이면 흠 없는 수컷으로 회막 문에서 여호와 앞에 기쁘게 받으시도록 드릴지니라

1:6 그는 또 그 번제물의 가죽을 벗기고 각을 뜰 것이요

1:14 만일 여호와께 드리는 예물이 새의 번제이면 산비둘기나 집비둘기 새끼로 예물을 드릴 것이요

1:17 또 그 날개 자리에서 그 몸을 찢되 아주 찢지 말고 제사장이 그것을 제단 위의 불 위에 있는 나무 위에서 불살라 번제를 드릴지니 이는 화제라 여호와께 향기로운 냄새니라

요한복음 20장 | 평강을 선포하신 예수님

20:15 예수께서 이르시되 여자여 어찌하여 울며 누구를 찾느냐 하시니 마리아는 그가 동산지기인 줄 알고 이르되 주여 당신이 옮겼거든 어디 두었는지 내게 이르소서 그리하면 내가 가져가리이다

20:16 예수께서 마리아야 하시거늘 마리아가 돌이켜 히브리 말로 랍오니 하니 (이는 선생님이라는 말이라)

20:19 이 날 곧 안식 후 첫날 저녁 때에 제자들이 유대인들을 두려워하여 모인 곳의 문들을 닫았더니 예수께서 오사 가운데 서서 이르시되 너희에게 평강이 있을지어다

20:25 다른 제자들이 그에게 이르되 우리가 주를 보았노라 하니 도마가 이르되 내가 그의 손의 못 자국을 보며 내 손가락을 그 못 자국에 넣으며 내 손을 그 옆구리에 넣어 보지 않고는 믿지 아니하겠노라 하니라

오늘의 찬양

찬송가 197장 | 은혜가 풍성한 하나님은

맥체인성경365
532p

말씀 연결 마음과 기도의 평강 (잠 17, 빌 4)

잠언 17장 | 마음의 평강

17:1 마른 떡 한 조각만 있고도 화목하는 것이 제육이 집에 가득하고도 다투는
것보다 나으니라

17:3 도가니는 은을, 풀무는 금을 연단하거니와 여호와는 마음을 연단하시느니
라

17:11 악한 자는 반역만 힘쓰나니 그러므로 그에게 잔인한 사자가 보냄을 받으
리라

17:19 다툼을 좋아하는 자는 죄과를 좋아하는 자요 자기 문을 높이는 자는 파괴
를 구하는 자니라

17:24 지혜는 명철한 자 앞에 있거늘 미련한 자는 눈을 땅 끝에 두느니라

빌립보서 4장 | 기도와 간구를 통한 평강

4:2 내가 유오디아를 권하고 순두게를 권하노니 주 안에서 같은 마음을 품으라

4:14 그러나 너희가 내 괴로움에 함께 참여하였으니 잘하였도다

4:15 빌립보 사람들아 너희도 알거니와 복음의 시초에 내가 마게도냐를 떠날 때에
주고 받는 내 일에 2)참여한 교회가 너희 외에 아무도 없었느니라

4:17 내가 선물을 구함이 아니요 오직 너희에게 유익하도록 풍성한 열매를 구함이
라

4:21 그리스도 예수 안에 있는 성도에게 각각 문안하라 나와 함께 있는 형제들이
너희에게 문안하고

4:22 모든 성도들이 너희에게 문안하되 특히 가이사의 집 사람들 중 몇이니라

더 깊은 묵상

레위기에서는 흠 없는 제물을 하나님께 드림으로 우리가 하나님으로부터 속죄함을 받고 평강을 얻을 수 있음을 말씀하고 있습니다. 하나님께 제물을 드릴 때는 그것이 소든 염소든 양이든 반드시 흠 없는 것으로 드리라고 말씀하십니다. 이것은 우리가 하나님 앞에 흠 없는 삶, 구별된 삶을 살기를 바라시는 하나님의 뜻이 담겨 있습니다.

하지만 근본이 죄인인 우리가 하나님 앞에서 흠 없는 삶을 산다는 것은 불가능한 일입니다. 이것은 우리가 하나님 앞에서 문자 그대로 흠 없는 삶을 살아야 한다는 뜻보다 흠 없는 삶을 지향해야 한다는 의미입니다. 이 세상을 살면서 죄를 짓지 않을 수 없으나 죄를 짓지 않기 위해 노력해야 한다는 뜻입니다. 소나 양이 아니라 완전하고 흠 없는 속죄양인 예수 그리스도의 십자가 피 흘리심을 통해서만 구원받을 수 있다는 뜻입니다.

예수님께서 십자가에서 돌아가신 뒤 사흘 만에 부활하셔서 제자들에게 나타나 말씀하십니다. 흠 없는 하나님의 완전한 속죄양으로 자신을 드리신 예수님께서 제자들을 찾아와 처음 하신 말씀은 "평강이 있을지어다"라는 말씀이었습니다. 지금도 예수님은 우리를 향해 "평강이 있을지어다"라고 말씀하십니다. 이 평강은 어떻게 해야 우리와 함께하게 되는 걸까요?

빌립보서 말씀은 아무것도 염려하지 말라고 하십니다. 그리고 모든 일을 기도와 간구로 감사함으로 하나님께 아뢰라고 하십니다. 그리하면 모든 지각에 뛰어난 하나님의 평강이 그리스도 예수 안에서 너희 마음과 생각을 지키실 것이라고 말씀하십니다. 우리가 하나님이 주시는 평강 안에 있는 비결은 모든 일을 기도와 간구로 하나님께 아뢰고 의지하는 것입니다.

사도 요한은 요한복음을 기록한 목적이 "오직 이것을 기록함은 너희로 예수께서 하나님의 아들 그리스도이심을 믿게 하려 함이요 또 너희로 믿고 그 이름을 힘입어 생명을 얻게 하려 함이니라"(요 20:31)라고 합니다. 우리의 평강과 생명은 오직 하나님의 아들 예수 그리스도 그 이름에서 나옵니다.

말씀묵상

참 평안은 예수 그리스도로 말미암습니다. 부활 후 제자들이 있는 곳을 찾아오신 예수님은 '너희에게 평강이 있을지어다'라고 하셨습니다. 염려와 근심, 두려움을 버려야 주님이 주시는 평강을 누릴 수 있습니다.

말씀적용 오늘의 감사

말씀적용

오늘의 감사

믿음으로 감사

소망으로 감사

사랑으로 감사

말씀암송

잠 17:3 도가니는 [ ]을, 풀무는 [ ]을 연단하거니와 여호와는 [ ][ ]을 연단하시느니라

말씀기도

❶ 우리의 모든 죄와 허물을 예수 그리스도의 피로 씻겨 주시고 용서하여 주소서.
❷ 온전한 예배로 하나님 안에서 평강을 누리게 하소서.
❸ 오직 모든 일에 기도와 간구로 하나님 안에 거하는 삶이 되게 하소서.

말씀배경 지식

유대인의 장례식 풍습 및 절차 (요 20:5)

팔레스타인에서는 시체가 빨리 부패되기 때문에 당일에 안장하되 많은 향료와 향품을 넣고 값비싼 수의를 입혀 무덤에 안장한다.

90 일차/365

3월 31일

사랑

레위기 2-3장 | 요한복음 21장 | 잠언 18장 | 골로새서 1장

말씀 연결 주님을 위한 사랑 (레 2-3, 요 21)

레위기 2-3장 | 하나님을 위한 사랑

2:1 누구든지 소제의 예물을 여호와께 드리려거든 고운 가루로 예물을 삼아 그 위에 기름을 붓고 또 그 위에 유향을 놓아

2:4 네가 화덕에 구운 것으로 소제의 예물을 드리려거든 고운 가루에 기름을 섞어 만든 무교병이나 기름을 바른 무교전병을 드릴 것이요

2:11 너희가 여호와께 드리는 모든 소제물에는 누룩을 넣지 말지니 너희가 누룩이나 꿀을 여호와께 화제로 드려 사르지 못할지니라

2:13 네 모든 소제물에 소금을 치라 네 하나님의 언약의 소금을 네 소제에 빼지 못할지니 네 모든 예물에 소금을 드릴지니라

2:15 그 위에 기름을 붓고 그 위에 유향을 더할지니 이는 소제니라

3:5 아론의 자손은 그것을 제단 위의 불 위에 있는 나무 위의 번제물 위에서 사를지니 이는 화제라 여호와께 향기로운 냄새니라

3:16 제사장은 그것을 제단 위에서 불사를지니 이는 화제로 드리는 음식이요 향기로운 냄새라 모든 기름은 여호와의 것이니라

요한복음 21장 | 예수님을 향한 사랑

21:2 시몬 베드로와 디두모라 하는 도마와 갈릴리 가나 사람 나다나엘과 세베대의 아들들과 또 다른 제자 둘이 함께 있더니

21:8 다른 제자들은 육지에서 거리가 불과 한 오십 칸쯤 되므로 작은 배를 타고 물고기 든 그물을 끌고 와서

21:11 시몬 베드로가 올라가서 그물을 육지에 끌어 올리니 가득히 찬 큰 물고기가 백쉰세 마리라 이같이 많으나 그물이 찢어지지 아니하였더라

21:15 그들이 조반 먹은 후에 예수께서 시몬 베드로에게 이르시되 요한의 아들 시몬아 네가 이 사람들보다 나를 더 사랑하느냐 하시니 이르되 주님 그러하나이다 내가 주님을 사랑하는 줄 주님께서 아시나이다 이르시되 내 어린 양을 먹이라 하시고

21:16 또 두 번째 이르시되 요한의 아들 시몬아 네가 나를 사랑하느냐 하시니 이르되 주님 그러하나이다 내가 주님을 사랑하는 줄 주님께서 아시나이다 이르시되 내 양을 치라 하시고

오늘의 찬양

찬송가 225장 | 실로암 샘물가에 핀

맥체인성경365
537p

말씀 연결 행함과 사랑 (잠 18, 골 1)

잠언 18장 | 사랑으로 행하는 삶에서 취할 것과 버릴 것

18:1 무리에게서 스스로 갈라지는 자는 자기 소욕을 따르는 자라 온갖 참 지혜를 배척하느니라

18:12 사람의 마음의 교만은 멸망의 선봉이요 겸손은 존귀의 길잡이니라

18:16 사람의 선물은 그의 길을 넓게 하며 또 존귀한 자 앞으로 그를 인도하느니라

18:17 송사에서는 먼저 온 사람의 말이 바른 것 같으나 그의 상대자가 와서 밝히느니라

18:19 노엽게 한 형제와 화목하기가 견고한 성을 취하기보다 어려운즉 이러한 다툼은 산성 문빗장 같으니라

골로새서 1장 | 교회의, 교회를 향한 사랑

1:1 하나님의 뜻으로 말미암아 그리스도 예수의 사도 된 바울과 형제 디모데는

1:7 이와 같이 우리와 함께 종 된 사랑하는 에바브라에게 너희가 배웠나니 그는 너희를 위한 그리스도의 신실한 일꾼이요

1:15 그는 보이지 아니하는 하나님의 형상이시요 모든 피조물보다 먼저 나신 이시니

1:18 그는 몸인 교회의 머리시라 그가 근본이시요 죽은 자들 가운데서 먼저 나신 이시니 이는 친히 만물의 으뜸이 되려 하심이요

1:19 아버지께서는 모든 충만으로 예수 안에 거하게 하시고

1:25 내가 교회의 일꾼 된 것은 하나님이 너희를 위하여 내게 주신 직분을 따라 하나님의 말씀을 이루려 함이니라

더 깊은 묵상

사랑이 가지고 있는 특징 중의 하나는 내게 있는 것을 주어도 아깝지 않다는 것입니다. 오히려 더 많이 줄 수 있다는 것으로 행복해집니다. 사랑하지 않는 사람에게 줄 때는 아까운 생각이 들기도 하고, 준 만큼 돌려받을 수 있을까 하는 생각이 들기도 합니다. 기꺼이 주는 것과 아까운 생각으로 주는 것의 차이는 사랑입니다.

레위기에서는 소제와 화목제의 제물에 대해 말씀하고 있습니다. 하나님께 드리는 제물이므로 흠 없는 것으로, 향기로운 냄새로 드리라는 것입니다. 하나님께 드리는 것을 기꺼이 기쁘게 드리는 사람은 하나님을 사랑하는 사람입니다. 그러나 드리는 것이 부담스럽거나 기쁘지 않다면 그만큼 하나님에 대한 사랑이 부족한 것입니다.

부활하신 예수님은 디베랴 호수로 돌아가 물고기를 잡고 있는 시몬 베드로에게 나타나 "요한의 아들 시몬아 네가 이 사람들보다 나를 더 사랑하느냐."라고 세 번 물으십니다(요 21:15-17). 그때마다 베드로는 "내가 주님을 사랑하는 줄 주님께서 아시나이다"라고 대답합니다. 그런 베드로에게 예수님은 내 양을 먹이라고 말씀하십니다. 예수님을 부인하던 베드로의 자아는 그날 철저하게 깨지고 죽었습니다.

예수님께서 베드로에게 "내 양을 먹이라"고 하신 것은 하나님의 양들을 먹이면서 예수님의 마음을 이해하게 되리라는 것을 아셨기 때문이었을 것입니다. 베드로도 십자가에 못 박혀 순교 당하기까지 예수님과 하나님의 양들을 사랑하는 마음으로 기꺼이 자신의 목숨을 바치게 되리라는 것을 아셨던 것입니다.

하나님의 풍성한 사랑을 받은 사람은 그 사랑이 주변으로 흘러넘치게 됩니다. 내가 형제자매들과 이웃을 얼마나 사랑하는지가 하나님으로부터 받은 사랑에 대한 잣대입니다.

하나님을 사랑하십니까? 그렇다면 하나님께서 주시는 사랑을 이웃들과 함께 나누십시오. 하나님의 사랑은 샘물과 향기같이 주변으로 흘려보내야 합니다.

말씀묵상

성도가 하나님을 향해 예배드리는 것은 사랑의 표현입니다. 예배는 우리를 사랑하심으로 독생자를 주시고, 십자가에 달려 죽으심으로 구원하신 것에 대해 감사하며 우리 자신을 거룩한 산 제물로 드리는 사랑의 표현입니다.

말씀적용 오늘의 감사

말씀적용

오늘의 감사

믿음으로 감사

소망으로 감사

사랑으로 감사

말씀암송

골 1:18 그는 몸인 [ ][ ]의 머리시라 그가 [ ][ ]이시요 죽은 자들 가운데서 먼저 나신 이시니 이는 친히 만물의 [ ][ ]이 되려 하심이요

말씀기도

❶ 하나님을 사랑하고 자신을 흠 없는 산 제사로 드릴 수 있도록 도와주소서.
❷ 모든 미움과 시기와 분노를 지워버리고 하나님께서 주시는 사랑만 남게 하소서.
❸ 하나님을 사랑하고 교회에 덕을 세우는 삶이 되게 하소서.

말씀배경 지식

잠언 18장
가정과 관련된 말씀이다. 근면하게 생활하는 것, 부모는 자녀를 바르게 교육하고 자녀는 부모의 훈계에 귀 기울일 것, 아내는 지혜롭고 현숙할 것, 자녀들 앞에서 의로운 선조들이 되도록 노력할 것 등이다.

누군가 널 위해 기도하네

(Someone is praying for you)

Lanny Wolfe

' 최종태 시편주석(3권) '

한국복음주의 신학자들에 의하여

한국정서에 맞게 저술된 시편주석

size : 160*230mm

시편 주석 I	시편 주석 II	시편 주석 III
672면 I 25,000원	708면 I 25,000원	672면 I 27,000원

21세기의 문턱에 서 있는 한국교회가 살아남을 수 있는 유일한 길은 하나님의 말씀인 성경을 진심으로 사랑하고 바로 가르치고 바로 배우는 일입니다. 본 수석총서는 한국교회 성도들의 가슴을 뜨겁게 하여 성경을 바로 배워서 믿고 바로 살아가게 하는 길잡이가 될 것을 확실히 믿습니다.

– 합동신학대학원대학교 학장 신복윤 –

1970년대에 발족한 한국복음주의신학회가 다각적인 신학운동을 전개해 오다가 늦게나마 주석출판에 착수한 것을 다행한 일로 생각됩니다. 복음주의신학회에서 발행하는 한국성경주석총서는 하나님께 영광, 땅 위의 많은 이들에게 큰 유익을 끼치게 되리라 확신하며 한국교회에 추천하는 바입니다.

– 전 고신대 총장 오병세 박사 –

Hallelujah 확신시리즈

김상복 목사의

확신 시리즈

확신시리즈 size : 155*220

①	②	③	④	⑤	⑥
아, 그렇구나	아, 살았구나	아, 기쁘구나	아, 사랑이네	아, 희망있네	아, 성령이 오셨네
믿음과 성장	죄와 구원	동행과 섬김	사랑과 전도	인생과 종말	성령과 참된영성
(470page)	(380page)	(456page)	(368page)	(520page)	(368page)
18,000원	18,000원	18,000원	18,000원	18,000원	23,000원

확신시리즈

ISBN(SET) 9788955-464030-04230

저자_ 김상복

3S(구원, 성화, 섬김) 신앙의 내용을 묶어서 **"확신시리즈"**로 발간했습니다.
거듭난 성도라면 ' **믿음, 성장, 구원, 동행, 섬김, 사랑, 전도, 순종, 종말** ' 에 대한 확신이 있어야 합니다.
저는 이 아홉 가지 확신이야 말로 탄탄한 신앙의 출발점이며, 건강한 신앙생활의 원동력이라고 생각했습니다.
그리스도인들이 제대로 된 신앙생활을 하지 못하는 경우는 이에 대한 확신이 부족하기 때문이라고 보았던 겁니다.
당시 "확신시리즈"는 40쇄를 넘긴 베스트셀러였습니다.
하지만 안타깝게도 현재는 출판사 사정으로 모든 책이 절판되었고, 저자인 저마저도 구하기 힘든 책이 되고 말았습니다. 이에 오래 전의 "확신시리즈" 9권과『죄의 속박에서 벗어나라』를 더한 10권을 두 권씩 합하고 새롭게 매만져 개정판 5권으로 출간하기로 했습니다.

CCM2U 신교횃불 www.ccm2u.com